LEMBE JUNIOR

De la léthargie diabolique au réveil spirituel Volume 2

LEMBE JUNIOR

De la léthargie diabolique au réveil spirituel Volume 2

13 thèmes d'une authentique repentance

Éditions Croix du Salut

Cover image: www.ingimage.com

Publisher:
Éditions Croix du Salut
is a trademark of
Dodo Books Indian Ocean Ltd., member of the OmniScriptum S.R.L Publishing group
str. A.Russo 15, of. 61, Chisinau-2068, Republic of Moldova Europe
Printed at: see last page
ISBN: 978-620-3-84242-5

DE LA LETHARGIE DIABOLIQUE AU REVEIL SPIRITUEL

13 thèmes d'une authentique repentance

Volume 2

LEMBE JUNIOR

SOMMAIRE

DEDICACE

JE dédie cet ouvrage à toutes les personnes irréligieuses, peureuses et désireuses de se réconcilier avec LE CREATEUR via JESUS CHRIST. En se détachant des chaines vicieuses du Diable ; en sortant de l'empire Satanique à savoir l'influence du système, la pression du groupe, le suivisme, le conformisme mondain, l'œcuménisme et le paganisme !

Je dédie également cette œuvre à tous les véritables imitateurs et imitatrices de JESUS CHRIST qui journellement s'échinent à nager à contre contre-courant ; c'est-à-dire en refusant de vivre dans l'influence du système, dans la pression du groupe, dans le suivisme, dans le conformisme mondain, dans l'œcuménisme et dans le paganisme !

Dès lors, vivre païennement est la pire des aberrations qu'un Homme puisse commettre dans sa vie. Certes ce mode de vie a de multiples avantages, mais a surtout de nombreuses conséquences apocalyptiques que nul ne peut et ne pourra jamais supporter. C'est la raison pour laquelle :

"Je décrète par le nom Tout-Puissant de JESUS CHRIST, que L'ETERNEL vous sépare de toutes personnes, tous lieux et de toutes choses qui veulent vous séparés de lui et vous rapprochés de l'ennemi le Diable ! "

PROLOGUE

TOut comme mes précédents ouvrages à l'instar de : « *Les 7 péchés capitaux : perdre en malédictions Céleste et gagner en bénédictions Divine* » « *Le fruit de l'esprit : l'illumination par le biais des 9 vertus* » « *Les secrets du véritable bonheur : les efforts pour le confort* » « *De la léthargie Diabolique au réveil spirituel : 13 thèmes d'une authentique repentance* » Cette cinquième œuvre a également une force bienveillante et une puissance rédemptrice. En outre, elle a évidemment les mêmes objectifs ainsi que le même but que les précédentes à savoir :

❖ **LES OBJECTIFS :**

- Donner des conseils concrets pour mieux se rapprocher des textes Bibliques.
- Expliquer les réalités spirituelles munies de références Bibliques et d'exemples quotidiens ce qui amèneront le lecteur ou la lectrice à réfléchir sur sa conduite actuelle.
- Proposer des solutions accessibles à mettre en œuvre, pouvant efficacement aider les personnes en quête de méthodes afin de résoudre les conflits intérieurs et extérieurs de leurs vies quotidiennes.

❖ **LE BUT :**

L'intérêt principal de ce livre est de transformer les âmes vicieuses en âmes vertueuses par le biais de la sincère repentance. En d'autres termes, son but est d'exhorter les contemporains du monde entier afin de les dissuader d'arrêter dès maintenant de vivre païennement et de les persuader de commencer dès maintenant à vivre Chrétiennement.

Par le nom Tout-Puissant de JESUS CHRIST la lumière du monde, je déclare que L'ETERNEL réalise lui-même :

- Votre éveil spirituel
- Votre croissance spirituelle
- Votre maturité spirituelle
- Votre sanctification personnelle
- Votre bonheur éternel.

AMEN!

PREFACE

Bon nombre de personnes me considère comme un saint, un homme irréprochable considération qui n'est pas le cas car comme tous les Hommes, je commets journellement des fautes. Ainsi, je suis un chrétien qui trébuche souvent dans le péché, mais cet habituel trébuchement vicieux ne fait pas de moi un païen non plus. Et même si je suis un païen, rappelez-vous que l'on peut porter le bon message tout en étant un mauvais messager.

Dès lors, je ne suis pas une lumière, encore moins un leader ; en revanche, je suis un conseiller qui vous persuade d'emprunter le seul et bon chemin qui est JESUS CHRIST. En outre, je suis un guide qui vous aide à aller au bout de ce chemin malgré les multiples et diverses persécutions, la souffrance, la douleur et le mal-être qui parsèment ce chemin. Entre ce que j'écris et ce que je vis il y a énormément de similitude ; mais aussi des paradoxes parce que je suis un chrétien qui vacille souvent dans le péché. Et par conséquent, je suis très bien placé pour vous exhorter, vous dissuader, vous persuader, vous conseiller et vous raisonner.

De même, je ne suis pas un prophète, ni un apôtre, encore moins un ange, mais seulement un scribe. Ce qui veut dire que les messages que je véhicule s'adressent à tout le monde y compris à moi-même ; c'est la raison pour laquelle dans mes manuscrits et mes prédications, j'utilise abondamment le pronom personnel « Nous » puisque je ne suis pas au-dessus de la Loi Divine et les autres ne sont pas en dessous de cette dernière.

A cet effet, mes manuscrits sont à la fois bons et mauvais. Bons parce qu'ils peuvent me garantir le paradis dans la mesure où ils m'identifient tel un saint. Mauvais parce qu'ils peuvent me réserver l'enfer dans la mesure où ils m'identifient tel un impie qui se fait passer pour un saint. Voilà pourquoi le redoutable apôtre Paul affirme : << Mais je traite durement mon corps et je le tiens assujetti de peur d'être moi-même rejeté après avoir prêché aux autres. >> **1 CORINTHIENS 9 :27.**

De plus, l'apôtre Jacques rajoute : << Mes frères, qu'il n'y ait pas parmi vous un grand nombre de personnes qui se mettent à enseigner car vous savez que nous serons jugés plus sévèrement. >> **JACQUES 3 : 1.**

Mieux encore, le MESSIE décrète : << Dans les derniers jours, nombreux seront surpris [...] >> **MATTHIEU 7 : 17 – 23.**

Certes, ces prophéties font énormément peur, mais est-ce un prétexte pour ne pas œuvrer afin de faire comprendre aux Hommes le but de la vie ? A ce propos, la vie n'est pas un combat de rue contre les intempéries de la vie, mais c'est plutôt une école qui nous apprend à devenir meilleurs de jour en jour. Car sachez-le, la vraie vie ne se vit pas ici-bas, la preuve tout ici-bas est éphémère y compris la vie elle-même. Ainsi, le but de la vie c'est de se battre contre le Malin et le Mal afin de se rendre digne de vivre la vraie vie, dans le vrai monde et avec le vrai DIEU. Alors, je n'ai pas peur de mettre ma vie en danger au nom de ce qui est vertueux, parce que mieux vaut mourir chrétiennement que de vivre inutilement donc païennement.

En somme, le message que je veux faire passer via cette préface est que vivre chrétiennement est la chose la plus difficile dans cette vie, mais aussi la chose la plus rentable. Or vivre vicieusement est la chose la plus facile, mais aussi la plus apocalyptique. C'est pourquoi ne nous fions pas aux choses que nous voyons, ni à celles que nous entendons, ni à celles que nous croyons et encore moins à celles que nous vivons. Mais fions-nous aux choses que le CREATEUR a dit et promit car il est le seul qui n'a jamais changé, jamais échoué et jamais menti.

Alors, trouvons DIEU avant qu'il ne nous trouve, repentons-nous avant qu'il ne soit trop tard comme l'exhorte le légendaire apôtre Pierre : << Car c'est le moment où le jugement va commencer par la maison de DIEU. Or si c'est par nous qu'il commence, quelle sera la fin de ceux qui n'obéissent pas à l'évangile de DIEU ? Et si le juste se sauve avec peine, que deviendront l'impie et le pécheur ? >> **1 PIERRE 4 : 17, 18.**

" Quiconque a des oreilles pour entendre, entende et du discernement pour comprendre, comprenne ! "

THEME 1 : LA BONTE DE DIEU

IL est impossible d'évaluer le nombre hallucinant d'ouvrages volumineux que l'on peut rédiger sur le thème ci-dessus. Il ne s'agit pas là d'un événement historique, ni d'une chose, ni d'un peuple encore moins d'un Homme. Mais il s'agit là du plus grand des mystères en l'occurrence, du PERE, du MAITRE DE L'UNIVERS, du TOUT-PUISSANT, du TRES-HAUT, de L'ABSOLU, de L'ETERNEL, de L'OMNISCIENT, de L'OMNIPRESENT, de L'OMNIPOTENT, de DIEU, du CREATEUR. Le plus HAUT DES CIEUX est bon, compatissant, juste et miséricordieux envers tous y compris envers ses ennemis. D'ailleurs le chantre David le confirme : << L'ETERNEL est bon envers tous et ses compassions s'étendent sur toutes ses œuvres. >> **PSAUMES 145 :9.** Cette réalité est tellement avérée au point où on pourrait croire que DIEU pactise avec l'ennemi comme le montrent les passages suivants :<< L'ETERNEL dit à Satan : « Voici tout ce qui lui appartient, je te le livre, seulement ne porte pas la main sur lui. » Et Satan se retira de devant la face de L'ETERNEL [...] Et Satan répondit à L'ETERNEL : « Peau pour peau ! Tout ce que possède un Homme, il le donne pour sa vie. Mais étends ta main, touche à ses os et à sa chair et je suis sûr qu'il te maudira en face » L'ETERNEL dit à Satan : « Voici, je te le livre, seulement épargne sa vie » >> **JOB 1 : 12 ; 2 : 4 –6**

En outre, LE PERE est tellement bon dans la mesure où même le Diable le père du mensonge ne peut le nier car ce dernier s'exclame : << Et il lui dit : « Je te donnerai toute cette puissance et la gloire de ces royaumes, car elle m'a été donnée *(donnée par le CREATEUR)* et je la donne à qui je veux. >> **LUC 4 : 6.** Si de tels actes ne sont pas synonymes de bonté, qu'est-ce donc ? Si le fait de rendre gracieusement service, de lever son soleil sur les Chrétiens comme sur les païens n'est-ce pas là une preuve de bonté ?

A présent, limitons-nous seulement à six qualités qui certifient la bonté inouïe du TOUT – PUISSANT :

- <u>DIEU EST SAGE :</u>

Le monde entier a été créé par la sagesse de L'ABSOLU. Nous vivons journellement grâce à sa sagesse qui est la signification même de la bonté. Réalisons que depuis la création du monde jusqu'aujourd'hui, le taux de natalité est supérieur au taux de mortalité ; alors qu'il suffit seulement d'une seule seconde pour perdre la vie, en revanche, il en faut neuf mois pour donner la vie. Ce qui veut dire que L'OMNISCIENT continue de créer en connaissance de cause. A ce propos, bon nombre pensent et affirment que L'OMNIPRESENT est fou, folie qui est d'ailleurs plus sage que nous ; à combien plus forte raison il est impossible de contempler sa sagesse ? Que dire de sa faiblesse qui est infiniment plus forte que nous. C'est d'ailleurs dans ce sens que le redoutable apôtre Paul affirme : << Car la folie de DIEU est plus sage que les Hommes, et la faiblesse de DIEU est plus forte que les Hommes. >> **1 CORINTHIENS 1 : 25.**

De même, c'est à cause de son immense sagesse que Satan détruit le monde et assujettit l'humanité ; mais c'est aussi par cette même sagesse qu'il sera condamné. Ainsi, la sagesse de L'OMNIPOTENT est nourrie par une immense et puissante bonté.

- DIEU EST AMOUR :

Telle est la principale caractéristique de L'ALPHA ET L'OMEGA. Malgré la méchanceté et la mesquinerie de la race humaine, LE CREATEUR nous aime toujours ; car si nous sommes actuellement en vie et libres, c'est grâce à son amour intarissable. Nous n'avons aucune idée des multiples dangers et des divers pièges démoniaques dont il nous préserve ; car le destructeur Satan s'échine à nous faire périr maintenant et éternellement quel que soit la manière et les moyens. Mais l'immense amour du PERE fait office d'obstacle, de frein à la réalisation de ce programme diabolique, malsain et dévastateur ; quoiqu'en réalité, nous ne le méritions aucunement à cause de nos ignobles actes journaliers.

A titre d'exemple, n'est-ce pas le Diable qui a rempli le cœur de Caïn afin que ce dernier supprime son cadet Abel ? Mais n'est-ce pas DIEU qui a convertit les malédictions de l'assassin originel en bénédictions ? Si cet acte n'est pas là une manifestation d'amour inconditionnel qu'est-ce donc ? **GENESE 4 : 13 – 16.** Si le TRES- HAUT n'était pas amour, les péchés de qui allaient être pardonnés ? Et quand bien même il punit, c'est avec et par amour qu'il le fait puisqu'il que nous changeons en mieux. Ce qui veut dire que même dans ses retranchements, il manifeste son amour. Voilà pourquoi le légendaire apôtre Paul confirme : << Car le SEIGNEUR châtie celui qu'il aime, et il frappe de la verge tous ceux qu'il reconnait pour ses fils [...] >> **HEBREUX 12 : 6 – 14.**

➢ <u>DIEU EST PATIENT :</u>

Contrairement à ce que bon nombre pensent, LE DIVIN n'est pas lent dans l'accomplissement de ses promesses, mais il est plutôt patient ; car il est à la fois le temps et le MAITRE du temps. PAPA est patient parce que c'est lui qui maitrise toute chose, c'est lui qui conjecture le futur, c'est lui qui dit la chose arrive, c'est lui qui ordonne et la chose existe, c'est lui qui décrète et nul ne conteste. Dans ce cas, pourquoi se hâter alors que c'est lui qui possède le monopole de la capacité de tout faire, alors que c'est lui qui a le dernier mot ? **2 PIERRE 3 : 8.**

De ce fait, nous qui patientons depuis fort longtemps le sauvetage, la restauration Divine dans nos vies, ne perdons pas espoir, surtout pas la patience, car notre PERE maitrise exactement ce qu'il fait. Et tout ce qu'il fait c'est pour que nous soyons heureux car c'est lui-même l'architecte de notre bonheur intarissable. A votre avis, pourquoi attendre si longtemps avant de donner une progéniture à Sara, femme d'Abraham ? C'est tout simplement parce qu'il maitrise les circonstances. Remarquez que lors de ce miracle, LE JUSTE JUGE réalise également une triple plus-value dans la vie de Sara. Premièrement, il ralentit son vieillissement afin qu'elle profite bien de sa nouvelle vie. Deuxièmement, il rallonge son espérance de vie afin qu'elle puisse voir son fils devenir un homme. Et troisièmement, il immortalise ses bénédictions car elle décède rassasiée de bonheur. **GENESE 17 : 15 – 17.**

A cet effet, quel que soit les choses que nous entendons, que nous voyons et que nous vivons, n'omettons jamais que L'ETERNEL est le même hier, aujourd'hui et éternellement ; car il n'a jamais menti, il n'a jamais changé et il n'a jamais échoué. Alors gardons la foi et ayons encore et toujours confiance en sa toute Divine bonté parce qu'il est puissamment BON !

➢ <u>DIEU EST PHILANTHROPE :</u>

Le lègue, est l'activité favorite du PERE, puisqu'il donne journellement, abondamment, inlassablement, gratuitement, spontanément, simultanément et à tout moment. Il donne avec la main droite, il rajoute avec la main gauche et il pérennise avec sa bouche ; parce que lorsqu'on aime, on ne compte jamais. Qu'avons-nous fait d'exceptionnel pour qu'il nous créée, nous protège et nous maintienne en vie ? Que nous lui avons-nous donné de spécial afin qu'il nous gave de tous les dons physiques, psychiques, matériels et spirituels dont nous jouissons ? Ainsi, L'ETERNEL est le plus grand philanthrope qui existe car il le fait sans rien attendre en retour et surtout le fait pour notre seul et unique bien. C'est la raison pour laquelle le MESSIE décrété : << Demandez et l'on vous donnera, cherchez et vous trouverez, frappez et l'on vous ouvrira. >> **MATTHIEU 7 : 7.**

Ainsi, n'ayons pas honte, ni peur de lui demander ce dont nous avons besoin quoi qu'il le sache déjà. N'ayons pas peur de le harceler afin que sa volonté soit similaire à la nôtre dans l'optique de recevoir : la santé, la prospérité, la justice, la vengeance, la restauration, la protection, la bénédiction, l'absolution, la paix, le Saint-Esprit, la sanctification etc.

Cependant, vu notre désobéissance via nos méfaits, méritons-nous réellement cet exaucement ? Alors dès maintenant, rendons-nous dignes de le mériter afin de le recevoir ; car il existe une immense différence entre celui qui sert DIEU et celui qui ne le sert pas. C'est dans ce sens que David formule : << Aussi, L'ETERNEL m'a rendu selon ma droiture, selon la pureté de mes mains devant ses yeux. Avec celui qui est bon, tu te montres bon, avec l'Homme droit tu agis selon la droiture. Avec celui qui est pur, tu te montres pur et avec le pervers, tu agis selon sa perversité. >> **PSAUMES 18 : 24 – 26.**

➢ DIEU EST MARTYR :

Je me demande toujours comment le SEIGNEUR fait pour supporter la trahison, la déloyauté et la méchanceté vis-à-vis de lui ? Je m'interroge toujours comment L'ETERNEL fait pour supporter toutes les abominations que nous effectuons journellement, massivement, consciemment et passionnément ? Je me demande toujours comment L'ABSOLU fait pour supporter nous voir imiter le Diable, pactiser avec lui et savourer ses mets empoisonnés ? Comment PAPA fait-il pour supporter notre mauvais usage du libre arbitre ?

Je n'imagine même pas à quel point il est déçu par nous. Tellement déçu au point où il s'exclame : << Et L'ETERNEL dit : « j'exterminerai de la face de la Terre l'Homme que j'ai créé, depuis l'Homme jusqu'au bétail, aux reptiles et aux oiseaux du ciel, car je me repens de les avoir faits. >> **GENESE 6 : 7.** Mais paradoxalement, cette perpétuelle trahison humaine ne l'empêche pas de continuer à créer, à protéger et à exaucer nos vœux. N'est-ce pas là une énième preuve d'amour ? De même, il possède l'omnipotence et par conséquent, il peut quand il veut mettre fin à cette déloyauté, mais il ne le fait pas parce qu'il nous aime d'un amour inconditionnel, incompréhensible et intarissable.

LE TOUT – PUISSANT nous supporte comme personne ne pourra jamais le faire. D'ailleurs, la majorité humaine le tien pour l'unique responsable de toutes les atrocités et injustices omniprésentes ici-bas. Or ce qui n'a jamais été le cas parce que le principal responsable de celles-ci c'est le prince de ce monde Satan le diable. En outre, le second responsable c'est nous le genre humais qui obéit à ses lois abominables. **1 JEAN 5 : 19.**

Que dire de JESUS CHRIST qui est DIEU sous forme humaine, lui qui est venu nous transmettre la lumière et le parfum de la vie spirituelle, lui qui est venu se charger de nos fardeaux afin de les expier dans l'Hadès, lui qui a fait le plus grand des sacrifices par amour pour nous. Imaginez la douleur qu'il peut ressentir lorsqu'il nous voit s'écarter de ses sentiers en vivant fièrement dans le paganisme ?

- DIEU EST MISERICORDIEUX :

Le pardon, tel est la deuxième activité favorite du PERE. Il n'est pas haineux, ni rancunier mais miséricordieux car il nous pardonne de janvier à janvier, de lundi à lundi et de vingt-quatre heures sur vingt-quatre. S'il ne nous pardonnait pas, qui d'entre nous ira au Ciel vu les multiples et divers péchés que nous commettons en pensées, en paroles et en actions. Son pardon n'est pas une contrainte, mais plutôt une autre preuve de son immense amour.

Si le CREATEUR était hystérique, un rancunier, un vengeur qui punissait instantanément nos méfaits, qui de nous allait avoir la paix ? Qui de nous allait ne serait-ce qu'avoir le sourire ? C'est la raison pour laquelle le sage Ben Sira atteste : << C'est pourquoi le SEIGNEUR est patient à l'égard des Hommes et déverse sur eux sa pitié. Il voit et il sait combien leur fin est misérable, c'est pourquoi il multiplie son pardon. L'Homme a pitié de son prochain, mais le SEIGNEUR a pitié de toute créature ; il reprend, il instruit, il enseigne, il ramène tel le berger son troupeau. >> **SIRACIDE 18 : 11 – 13.** Dans le même sillage, l'apôtre Pierre rajoute : << Le SEIGNEUR ne tarde pas dans l'accomplissement de la promesse, comme quelques-uns le croient ; mais il use de patience envers vous, ne voulant pas qu'aucun périsse, mais voulant que tous arrivent à la repentance. >> **2 PIERRE 3 : 9.**

Toutefois, c'est une bévue de prendre l'amour, la patience, la philanthropie, la miséricorde et la bonté de DIEU telles des faiblesses ; car il est également un feu dévorant. S'il est écrit qu'il y a un temps pour parler et un temps pour se taire, il y a également un temps pour faire du bien et un temps pour faire du mal. Voilà pourquoi le sage roi Salomon nous mets vivement en garde de ne pas se croire plus intelligents que le donateur de l'intelligence. A cet effet, il exhorte : << Ne sois point sage à tes propres yeux, crains L'ETERNEL et détourne-toi du mal. >> **PROVERBES 3 : 7.**

Voici la fin du discours : << Tellement DIEU est BON au point où parfois je me dis que si le chérubin déchu se repend sincèrement, le SEIGNEUR lui pardonnera ! >>

<< Les Hommes les plus riches, les plus puissants et les plus glorieux de toute l'histoire de l'humanité l'ont été grâce à la bonté de DIEU ! >>

<< L'ETERNEL est bon et droit ; c'est pourquoi il montre aux pécheurs la voie. >> **PSAUMES 25 : 8.**

<< L'ETERNEL est miséricordieux et compatissant, lent à la colère et riche en bonté. Il ne conteste pas sans cesse, il ne garde pas sa colère à toujours. Il ne nous traite pas selon nos péchés, il ne nous punit pas selon nos iniquités. >> **PSAUMES 103 : 8 – 10**

" Quiconque a des oreilles pour entendre, entende et du discernement pour comprendre, comprenne ! "

THEME 2 : LES BENEDICTIONS VS LA SANCTIFICATION

LEs bénédictions sont l'ensemble des grâces, des privilèges, des gratuités, des avantages physiques, psychiques, matériels et spirituels ; innés ou acquis émanant de DIEU LE CREATEUR ou de Satan le MENTEUR. Comme grâces physiques, on a par exemple la corpulence, la taille, la couleur de la peau, la beauté visible etc. De même, comme gratuités psychiques, on a l'intellect, la clairvoyance, la maturité etc. De plus, comme avantages matériels, nous avons les multiples et divers biens et richesses terrestre, le pouvoir de décision, la gloire etc. Et enfin, comme bénédictions spirituelles, nous avons les dons de l'intelligence, de la sagesse, du discernement des esprits, de prophéties, de guérison, de faire les miracles, de parler en langue (*la langue du TOUT-PUISSANT*), d'interpréter le parler en langue et enfin le don de la foi en L'ETERNEL.

De ce fait, personne ne peut prétendre qu'il n'a jamais reçu de bénédictions. Mieux encore personne ne peut prétendre ne pas vouloir bénéficier les privilèges inexistants dans nos vies ; car nous sommes tous focaliser sur ces derniers d'où nos multiples et variées occupations journalières.

Par ailleurs, la sanctification quant à elle est l'état de pureté, de piété et de droiture que chacun de nous doit atteindre. En outre, c'est le mode de vie basé sur l'exemplarité et l'irréprochabilité d'un Homme. Aussi, la sanctification est le dernier niveau, le sommet de la spiritualité, c'est le paroxysme de la chrétienté. Encore mieux, la sanctification c'est la crainte de L'ETERNEL. Le craindre c'est le respecter. Le respecter c'est l'aimer. L'aimer c'est observer ses Lois. Observer ses Lois c'est vivre dans la lumière. Vivre dans la lumière c'est journellement pratiquer la bonté, la justice et la vérité. Pratiquer la trilogie lumineuse, c'est de toujours surmonter le mal par le bien, toujours persévérer dans les épreuves et de de toujours résister aux multiples tentations sévissant dans le monde. Enfin, la sanctification c'est le sceau, l'éligibilité, la condition pour vivre la vraie vie, dans le vrai monde en compagnie du seul vrai DIEU. **HEBREUX 12 : 14.**

Dès lors, ces deux notions sont censées être fusionnelles, complémentaires dont en adéquation. Mais la réalité est tout le contraire, car la vie a prouvé via les faits sociaux que les bénédictions empêchent, obstruent l'atteinte de la sanctification ; mais paradoxalement, la sanctification occasionne, enfante les bénédictions ! Nous en parlerons davantage dans les lignes suivantes.

A cet effet, ce proverbe vrai corrobore mon affirmation ci-dessus : << Un esprit saint dans un corps saint ! >> Pensez-vous qu'il est réellement possible sans discipline de vie de gérer honnêtement, rationnellement et vertueusement un(e) conjoint(e), un mariage, des enfants, une famille, une amitié, une communauté religieuse, des fidèles, une entreprise, des collaborateurs, des millions d'euros, une Nation, des concitoyens, des milliards d'euros ? Sans la sanctification pensez-vous qu'il est vraiment possible de réussir tous ces énormes et ardus challenges de la vie ?

➢ LES BENEDICTIONS OBSTRUENT L'ATTEINTE DE LA SANCTIFICATION :

Combien de personnes dans le monde ont abandonnées la chrétienté à cause de la prospérité ?

Combien de personnes dans le monde sont en train d'abandonner la foi chrétienne suite aux des difficultés de la vie ?

Combien de personnes dans le monde abandonneront l'objectif qui est la sanctification faute aux bénédictions ?

Ainsi, si la réponse à ces questions est « des centaines de millions de personnes ! » c'est donc avec raison que nous pouvons affirmer que l'ennemie de la sanctification ce sont les bénédictions. D'ailleurs les anciens, nos pères dans la foi confirment totalement cette affirmation.

A ce propos, le TOUT – PUISSANT nous met lui-même en garde sur notre orgueil, notre arrogance et sur notre prétention de mériter tous privilèges dont nous jouissons. Il atteste : << Garde-toi de dire en ton cœur (*et aussi par ta bouche)* ma force et la puissance de ma main m'ont acquis ses richesses. Souviens-toi de L'ETERNEL (*ton CREATEUR*) car c'est lui qui te donnera de la force pour les acquérir [...] Si tu oublies L'ETERNEL ton DIEU et que tu ailles après d'autres dieux (*des démons se* déguisant *en bienfaiteurs*), si tu les sers et te prosternes devant eux, je vous déclare formellement aujourd'hui que vous périrez. >> **DEUTERONOME 8 : 17- 19**.

De plus, le sage Ben Sira affirme ; << Difficilement le marchant évitera les fautes et le commerçant ne restera pas exempt de péché. >> **SIRACIDE 26 : 29**

<< Beaucoup ont péché par amour du gain, et celui qui cherche à s'enrichir détourne son regard (*de ce qui est honnête et juste*) comme un piquet s'enfonce dans la jointure des pierres, entre vente et achat s'intercale le péché. Si quelqu'un

ne s'attache pas fermement à la crainte du SEIGNEUR, bien vite sa maison tombera en ruine. >> **SIRACIDE 27 : 1 – 3**

<< [...] Celui qui aime l'or ne saurait rester juste et celui qui poursuit le gain se laissera fourvoyer par lui. Beaucoup ont été livrés à la ruine à cause de l'or et leur perte est arrivée sur eux. C'est un piège pour ceux qui en sont entichés et tous les insensées s'y laissent attraper. >> **SIRACIDE 31 : 1 – 7**

De même, le redoutable apôtre Paul rajoute : << Si donc nous avons la nourriture et le vêtement, cela nous suffira. Mais ceux qui veulent s'enrichir tombent dans la tentation, dans beaucoup de désirs insensés et pernicieux qui plongent les Hommes dans la ruine et la perdition. Car l'amour de l'argent est la racine de tous les maux et quelques-uns, en étant possédés, se sont égarés loin de la foi et se sont jetés eux-mêmes dans bien des tourments. >> **1 TIMOTHEE 6 : 8 – 10**

En outre, l'apôtre Jacques attire notre attention sur les effets néfastes des bénédictions en l'occurrence, l'égoïsme, le dédain, l'arrogance, l'orgueil, l'insensibilité, la méchanceté et la cruauté. A cet effet, il prophétise : << A vous maintenant riches, pleurez et gémissez à cause des malheurs qui viendront sur vous. Vos richesses sont pourries et vos vêtements sont rongés par la teigne. Votre or et votre argent sont rouillés et leur rouille s'élèvera en témoignage contre vous et dévorera vos chairs comme un feu. Vous avez amassé des trésors dans les derniers jours [...] vous avez vécu sur la Terre dans les voluptés et les délices, vous avez rassasiez vos cœurs au jour du carnage. Vous avez condamné, vous avez tué le juste qui ne vous a pas résisté. >> **JACQUES 5 : 1 – 6**

Et enfin, la lumière du monde JESUS CHRIST conclut en décrétant : << Si donc vous n'avez pas été fidèle dans les richesses injustes, qui vous confiera les véritables ? Et si vous n'avez été fidèles dans ce qui est à autrui, qui vous donnera ce qui est à vous ? Nul serviteur ne peut servir deux maitres, car ou il haïra l'un et aimera l'autre, ou il s'attachera à l'un et méprisera l'autre. Vous ne pouvez servir DIEU et Mammon *(le démon de l'argent et des richesses)* [...] Car ce qui est élevé parmi les Hommes est une abomination devant DIEU. >> **LUC 16 : 11 – 15**

<< Ne vous amassez pas des trésors sur la Terre, où la teigne et la rouille détruisent et où les voleurs percent et dérobent, mais amassez-vous des trésors dans le ciel où la teigne et la rouille ne détruisent point et où les voleurs ne percent ni ne dérobent. Car là où est ton trésor, là aussi sera ton cœur. >> **MATTHIEU 6 : 19 – 21**

Ainsi, suite à ces preuves irréfutables, nous pouvons conclure en certifiant que la prospérité est un sérieux obstacle à l'atteinte de la pureté !

➢ **<u>LA SANCTIFICATION ENFANTE LES BENEDICTIONS :</u>**

Combien de personnes dans le monde attendent journellement et impatiemment l'avènement des bénédictions Divine dans leurs vies ? Moi-même je fais partie de ses braves gens qui attendent cette glorieuse assurance en espérant, en agissant, en persévérant et en patientant. Certes cette patience est habituellement lassante et frustrante d'où les railleries des uns et des autres ; ces derniers qui sont d'ailleurs des esclaves du système mondain, et des marionnettes du perdu et du perdant, du limité et du limitable, du menteur et du destructeur, du déchu et du maudit c'est- à- dire Satan le Diable.

Ainsi, ce n'est pas parce que les choses n'arrivent pas maintenant qu'elles n'arriveront jamais. Or nous chrétien(ne)s, imitateurs de CHRIST, nous marchons par la foi en JESUS CHRIST et non pas par la vue, car il n'a jamais changé, jamais menti et jamais échoué. Nous nous fions à ce que le PERE a dit et promit et non à ce que le maitre de ce monde nous montre via ses illusions mensongères, ses machinations savamment planifiées et son chantage aposta-paganique. C'est la raison pour laquelle le sage Jésus de Sira nous encourage : << Regardez les générations passées et voyez : qui a mis sa confiance dans le SEIGNEUR et a été déçu ? Qui a persévéré dans la crainte de L'ETERNEL et a été abandonné ? Qui l'a invoqué et en a été méprisé ? Car le SEIGNEUR est compatissant et miséricordieux, il remet les péchés et sauve au moment de la détresse. >> **SIRACIDE 2 : 10 – 11**

Dès lors, voici les preuves corroborant cette thématique : L'OMNISCIENT, L'OMNIPRESENT ET L'OMNIPOTENT décrète : << Si tu obéis à la voix de L'ETERNEL ton DIEU, en observant et en mettant en pratique tous ses commandements que je te prescris aujourd'hui, L'ETERNEL, ton DIEU te donnera la supériorité sur toutes les nations de la Terre. Voici toutes les bénédictions qui se répandront sur toi et qui seront ton partage, lorsque tu obéiras à la voix de L'ETERNEL ton DIEU [...] >> **DEUTERONOME 28 : 1 – 14.**

En outre, le légendaire apôtre Paul formule : << Souffre avec moi comme un bon soldat de JESUS CHRIST. Il n'est pas de soldat qui s'embarrasse des affaires de la vie s'il veut plaire à celui qui l'a enrôlé, et l'athlète n'est pas couronné s'il n'a pas combattu suivant les règles. Il faut que le laboureur travaille avant de recueillir les fruits. >> **2 TIMOTHEE 2 : 3 – 6**

<< [...] Mon fils, ne méprise pas le châtiment du SEIGNEUR(*les persécutions humano-diabolique dont DIEU est spectateur*) et ne perds pas courage lorsqu'il te reprend (*lorsqu'il t'expose à ces persécutions*) Car le SEIGNEUR châtie

(*édifie, purifie*) celui qu'il aime. Et il frappe de la verge (*laisse les persécutions parsemées nos vies*) tous ceux qu'il reconnait pour ses fils. [...] Nos pères nous châtiaient pour peu de jours comme ils le trouvaient bon ; mais DIEU nous châtie pour notre bien afin que nous participions à sa sainteté (afin *que nous soyons saints comme lui-même l'est*) [...] Fortifiez donc vos mains languissantes et vos genoux affaiblis et suivez avec vos pieds des voies droites, afin que ce qui est boiteux ne dévie pas, mais plutôt se raffermisse. >> **HEBREUX 12 : 3 – 13**

Mieux encore, le patriarche l'apôtre Pierre rajoute : << Si quelqu'un en effet veut aimer la vie et voir des jours heureux (*veut obtenir la prospérité et profiter journellement d'elle*) qu'il préserve sa langue du mal et ses lèvres des paroles trompeuses. Qu'il s'éloigne du mal (*qu'il s'éloigne de la pression du groupe, de l'influence du système, du conformisme mondain, de l'œcuménisme et du paganisme*) et fasse le bien, qu'il recherche la paix et la poursuive. Car les yeux du SEIGNEUR sont sur les justes et ses oreilles sont attentives à leur prières, mais la face du DEIGNEUR est contre ceux qui font le mal (*Les Hommes méchants : ceux qui acceptent ce qui est mal, aiment ce qui est mal, pratiquent passionnément ce qui est mal, protègent fidèlement ce qui est mal et promeuvent activement ce qui est mal)* >> **1 PIERRE 3 : 10 – 12**

Et enfin, le MESSIE JESUS CHRIST termine en confirmant : << Cherchez premièrement le royaume et la justice de DIEU (*La volonté de DIEU qui est la sanctification*) et toutes ces choses vous seront données par-dessus (*Cherchez d'abord la sanctification et les bénédictions vous seront données par-dessus*) >> **MATTHIEU 6 : 33**

Cependant, suite à ces garanties ci-dessus, nous pouvons donc affirmer raisonnablement que l'obéissance, la soumission à DIEU occasionne les grâces Divine.

Toutefois, je ne dis pas que les privilèges, les grâces et les avantages sont des choses nocives dont il faut impérativement s'en défaire et éviter ; je dis plutôt qu'il faut absolument faire primer la purification de l'âme sur la multiplication des bénédictions. Je prône vivement leur équilibre afin qu'elles soient fusionnelles, complémentaires et en adéquation ; d'ailleurs à cet effet, le légendaire apôtre Paul atteste :<< Je sais vivre dans l'humiliation et je sais vivre dans l'abondance. En tout et partout j'ai appris à être rassasié et à avoir faim, à être dans l'abondance et à être dans la disette. >> **PHILIPPIENS 4 : 12**

De même, il est vital d'ambitionner et de demander ces gratuités en fonction de la volonté de DIEU ; c'est la raison pour laquelle nous devons imiter Agur fils de Jaké qui demande :<< Je te demande deux choses, ne me les refuse pas avant que je ne meure ! Eloigne de moi la fausseté et la parole mensongère. Ne me donne ni pauvreté, ni richesse, accorde-moi le pain qui m'est nécessaire, de peur que dans l'abondance, je ne te renie et ne dise : « Qui est L'ETERNEL ? » ou que, dans la pauvreté, je ne dérobe et ne m'attaque au nom de mon DIEU>> **PROVERBES 30 : 7 – 9**

Qui sait, peut-être en imitant Agur fils de Jaké, le TRES-HAUT aura compassion de vous et vous fera une grâce ressemblante à celle qu'il a faite au sage roi Salomon. **2 CHRONIQUES 1 : 11, 12.** N'omettons pas que les décisions de L'ABSOLU sont incompréhensives car il est amour, bon, pieux, miséricordieux, compatissant ; mais aussi un feu dévorant.

En somme, la sanctification enfante les bénédictions !

Voici la fin du discours : << Le fruit de l'humilité, de la crainte de L'ETERNEL, c'est la richesse, la gloire et la vie. >> **PROVERBES 22 :4**

" Quiconque a des oreilles pour entendre, entende et du discernement pour comprendre, comprenne ! "

THEME 3 : L'IDENTITE PERSONNELLE

QUi êtes-vous en réalité ? Grâce aux multiples et diverses activités présentes dans ce monde y compris à cause de la condescendance humaine, une panoplie de réponses variées en découle de cette interrogation. Par ailleurs, le redoutable apôtre Pierre attire notre attention sur la complexité et l'originalité de cette question. A ce propos, il formule : << Bien aimés, je vous exhorte comme **étrangers** et **voyageurs** sur la terre à vous abstenir des **convoitises charnelles** qui font la **guerre** à **l'âme**. >> **1 PIERRE 2 : 11.**

A cet effet, il existe en réalité deux réponses universelles à cette interrogation, soit l'une, soit l'autre mais jamais la fusion des deux. Ainsi, afin d'identifier ces deux réponses, analysons promptement l'exhortation de l'apôtre Pierre.

- **Les étrangers** :

Il s'agit ici des personnes qui refusent en connaissance de cause de se soumettre au dirigeant et prince de ce monde, en l'occurrence le Diable. En outre, ces personnes s'échinent à nager à contre-courant en dédaignant les lois sataniques qui gangrènent le monde et ses résidents ; tout en respectant les ordonnances Divine. De plus, il est question des personnes pour qui la mort est une félicité, une destinée qui les fait sortir de ce monde inculte et occulte. Enfin, il s'agit des personnes qui vivent en adéquation avec la sacralité de ce précepte : << Ne vous conformez pas au siècle présent, mais soyez transformés par le renouvellement de l'intelligence, afin que vous discerniez quelle est la volonté de DIEU, ce qui est bon, agréable et parfait. >> **ROMAINS 12 : 2.**

Mieux encore, ils connaissent cette réalité : << Nous savons en effet que, si cette tente où nous habitons sur la Terre est détruite, nous avons dans le ciel un édifice qui est l'ouvrage de DIEU, une demeure éternelle qui, n'a pas été faite de main d'Homme. Aussi nous gémissons dans cette tente, désirant revêtir notre domicile céleste [...] Car il nous faut tous comparaitre devant le tribunal de CHRIST, afin que chacun reçoive selon le bien ou le mal qu'il aura fait étant dans son corps. >> **2 CORINTHIENS 5 : 1 – 10.**

➢ **Les voyageurs** :

A contrario des étrangers, les voyageurs quant à eux sont ces personnes-là qui méprisent passionnément le CREATEUR. Il s'agit des personnes pour qui ce monde maudit est le paradis ; ce qui signifie que pour elles, la mort est un sujet proscrit, la mort est une fatalité qui les fait sortir de leur paradis. D'ailleurs à cet effet, le légendaire apôtre Paul atteste : << Car il en plusieurs qui marchent en ennemis de la croix de CHRIST, je vous en ai souvent parlé et j'en parle maintenant encore en pleurant. Leur fin sera la perdition ; ils ont pour dieu leur ventre, ils mettent leur gloire dans ce qui fait leur honte, ils ne pensent qu'aux choses de la Terre. >> **PHILIPPIENS 3 : 18, 19.**

Or qui que nous soyons, quoique nous fassions ici-bas, nous ne pouvons échapper à l'inévitable départ pour le séjour des morts. C'est la raison pour laquelle le sage Jésus de Sira affirme : << Toute chair vieillit comme un vêtement, c'est la loi éternelle : **« Tu dois mourir »** >> **SIRACIDE 14 : 11.** En outre, le redoutable apôtre Paul rajoute : << Et comme il est réservé aux Hommes de mourir une seule fois, après quoi vient le jugement. >> **HEBREUX 9 : 27.**

➢ **Les convoitises charnelles** :

Il s'agit ici des myriades de passions vicieuses qui causent notre ruine, notre chute, notre destruction et par conséquent notre malheur imminent. Le scribe du CHRIST les énumère comme suite : << Or les œuvres de la chair sont manifestes, ce sont l'impudicité, l'impureté, la dissolution, l'idolâtrie, la magie, les inimitiés, les querelles, les jalousies, les animosités, les disputes, les divisions, les sectes, l'envie, l'ivrognerie, les excès de table et les choses semblables [...] >> **GALATES 5 : 19 – 21.**

A ce sujet, le redoutable apôtre résume : << Faites donc mourir les membres qui sont sur la terre, l'impudicité, l'impureté, les passions, les mauvais désirs et la cupidité qui est une idolâtrie. >> **COLOSSIENS 3 : 5.**

➢ **La guerre** :

Cette dernière fait allusion au malheur sur toutes ses formes. D'ailleurs qui dit guerre dit anarchie, qui dit anarchie dit destruction, qui dit destruction dit souffrance, qui dit souffrance dit douleur et enfin qui dit douleur dit malheur. Voilà pourquoi le sage roi Salomon énonce : << Le malheur poursuit ceux qui pèchent, mais le bonheur récompense les justes. >> **PROVERBES 13 : 21.**

➢ **L'âme** :

Il est juste question ici de l'existence, de la vie humaine dont dépendent notre libre-arbitre et nos différents choix. De ce fait, l'apôtre Paul atteste : << Frères (*et sœurs*) vous avez été appelés à la liberté, seulement ne faites pas de cette liberté un prétexte de vivre selon la chair, mais rendez-vous par l'amour serviteurs les uns des autres. >> **GALATES 5 : 13.**

Traduction contextuelle :

<< Bien aimés, Chrétiens et païens je vous exhorte dès maintenant à vous abstenir des passions vicieuses qui détruisent et détruiront vos vies. >>

Cependant, suite à cette analyse, nous pouvons raisonnablement répondre à la question initiale. En d'autres termes « Quelle est votre véritable identité ? » Etes-vous un étranger ou un voyageur ? Etes-vous un Chrétien ou un païen ? Faites-vous partir des personnes mentionnées dans **2 TIMOTHEE 3 : 1 – 5** ou de celles mentionnées dans **1 PIERRE 4 : 15, 16** ?

Toutefois, il y a une question qui me turlupine depuis fort longtemps : << Pourquoi les païens abhorrent les affaires des chrétiens, mais les chrétiens adorent les affaires des païens ? >> Les païens ne s'intéressent ni à la documentation Biblique, ni aux prédications médiatiques, ni à la prière, ni à la méditation via les retraites spirituelles, ni au jeûne, ni à l'évangélisation, encore moins à la vie de sanctification. C'est compréhensible car ces derniers sont des imitateurs de Satan et par conséquent, ils ne font que leur devoir. Par contre, il est inadmissible que les chrétiens quant à eux s'adonnent passionnément aux choses mondaines, aux lieux de débauche y compris à toutes les voluptés qui s'y trouvent, à la musique mondaine, à la mode vestimentaire dénudée et dépravée, au langage grossier, à la folie des grandeurs etc. Or ces derniers ont pour devoir d'imiter JESUS CHRIST puisqu'ils portent le nom de Chrétiens ! Ainsi, je pense que la réponse à ma question est la suivante :<< C'est tout simplement parce que bon nombre sont en réalité des païens qui se déguisent et croient être des Chrétiens ! >>

Cependant, il est important de rappeler que le Christianisme émane de JESUS CHRIST ; et par conséquent, un Chrétien est un parfait imitateur de JESUS CHRIST en l'occurrence raisonner comme lui, observer comme lui, parler comme lui, agir comme lui et vivre comme lui. Par contre, le paganisme vient du péché, le péché c'est le mal qui est la manifestation de tout ce qui n'est pas bien en pensées, en paroles et en actions. Et par conséquent, un païen est un amoureux du péché, un adorateur du mal. C'est la raison pour laquelle je vous repose une fois de plus la question : << Qui êtes-vous en réalité : un Chrétien ou un Païen ? Un païen déguisé en chrétien, ou un chrétien qui ignore totalement la quintessence de la Chrétienté ? Pire encore, un Chrétien qui s'est laissé engloutir par le paganisme ? Dis-moi comment tu vis, je te dirai qui tu es ! Alors arrêtons de mentir aux autres sur ce que nous sommes réellement, et mieux encore, arrêtons de nous mentir à nous-même car notre conscience nous dira toujours la vérité. Soyons désormais des parfaits imitateurs de JESUS CHRIST et non des amoureux, des adorateurs du péché ; puisque nous avons plus à perdre en se conformant au siècle présent.

Voici la fin du discours : << La crainte de L'ETERNEL, c'est la haine du mal ; l'arrogance et l'orgueil, la voie du mal et la bouche perverse, voilà ce que je hais. >> **PROVERBES 8 : 13.**

<< […] le SEIGNEUR connait ceux qui lui appartiennent et quiconque prononce le nom du SEIGNEUR qu'il s'éloigne du mal. >> **2 TIMOTHEE 2 : 19.**

<< Ayez au milieu des païens une bonne conduite afin que là même où ils vous calomnient comme si vous étiez des malfaiteurs, ils remarquent vos bonnes œuvres et glorifient DIEU au jour où il les visitera. >> **1 PIERRE 2 : 12.**

" Quiconque a des oreilles pour entendre, entende et du discernement pour comprendre, et comprenne !

THEME 4 : L'EDUCATION PARENTALE

QUiconque a raté l'éducation de ses enfants a raté sa vie. Quiconque est en train de raté l'éducation de ses enfants est en train de raté sa vie. Quiconque ratera l'éducation de ses enfants ratera sa vie ; car la progéniture est la continuité et l'amélioration des parents, puisque derrière de bons enfants se trouvent de bons parents. C'est d'ailleurs pour quoi le sage roi Salomon formule : << Les enfants des enfants sont la couronne des vieillards, et les pères sont la gloire de leurs enfants. >> **PROVERBES 17 : 6.**

Eduquer un enfant ce n'est nullement faire de lui le premier, ni le plus intelligent, ni le plus sage, ni le plus fort, ni le plus beau, ni le plus fortuné et ni le plus important. Ne confondons pas éducation parentale et accompagnement parental, ce dernier consiste à subvenir aux besoins humanitaires de sa progéniture prioritairement les besoins physiologiques, de sécurité et d'appartenance.

Cependant, éduquer un enfant, c'est travailler en toute harmonie dans l'optique de lui inculquer la crainte de L'ETERNEL ; afin qu'il soit meilleur que nous. Or je le répète encore, craindre L'ETERNEL c'est le respecter. Le respecter c'est l'aimer. L'aimer, c'est observer ses commandements. Observer ses commandements c'est vivre dans la lumière. Vivre dans la lumière, c'est journellement pratiquer la bonté, la justice et la vérité. Pratiquer la trilogie lumineuse, c'est la sanctification. La sanctification, c'est de toujours surmonter le mal par le bien, toujours persévérer dans les épreuves et de toujours résister aux multiples tentations qui sévissent dans le monde. C'est la raison pour laquelle le sage roi Salomon affirme : << Instruis l'enfant selon la voie qu'il doit suivre et quand il sera vieux, il ne s'en détournera pas. >> **PROVERBES 22 : 6.**

C'est en éduquant ses descendants de la sorte qu'ils deviendront automatiquement les premiers, les plus intelligents, les plus sages, les plus beaux, les plus courageux, les plus fortunés, les plus vertueux et les plus importants. De même, étant présents, on les imitera étant absents, on les sollicitera et étant ensevelis, on les regrettera. Dès lors, cette éducation spirituelle nécessite momentanément d'une sévérité non destructrice, mais salvatrice munie de réprimandes, de punitions et même des corrections ; d'ailleurs ne dit-on pas que : « Qui aime bien châtie bien ! » A ce propos, le sage roi Salomon atteste : << Châtie ton fils (*ton enfant*), car il y a encore de l'espérance, mais ne désire point le faire mourir. >> **PROVERBES 19 : 18.**

<< Châtie ton fils *(ton enfant)* et il te donnera du repos et il procurera des délices à ton âme. >> **PROVERBES 29 : 17.**

En outre, le redoutable apôtre Paul rajoutent : << Nos pères nous châtiaient pour peu de jours comme ils le trouvaient bon [...] >> **HEBREUX 12 : 10.**

Mieux encore, le grand savant Maurice Tiéche, dans son extraordinaire ouvrage « Guide de formation personnelle » définit l'éducation parentale comme suit : << Eduquer quelqu'un, c'est travailler en toute sympathie à le rendre plus utile, plus confiant, plus optimiste, plus rayonnant de joie et plus soucieux du bien-être d'autrui ! >>

Toutefois : **<< Allez et remplissez la Terre ! >>** Suite à cette exhortation du TRES- HAUT, bon nombre de personnes s'abêtissent en faisant des enfants en fonction de l'avis des autres ; et pire encore, le font n'importe comment et avec n'importe qui. Pour justifier leur manque de clairvoyance, ils déclarent : << Nous faisons des enfants pour que l'on se souvienne de nous après notre mort ! >> Certes c'est judicieux alors dans ce cas, donnez-leur une meilleure éducation que vous aviez reçu de vos parents. Apprenez-leur à différencier les bienfaits et les méfaits de chaque chose, la vérité du mensonge, la justice de l'injustice, les vertus des vices, et le bien du mal.

A cet effet, sachez que l'on se souvient de Caïn non pas grâce à ses parents Adam et Eve, mais à cause de sa grande méchanceté gratuite et surtout suite à l'assassinat de son frère cadet Abel. En plus, l'on ne se souvient pas de David grâce à son père Jessé, mais grâce à sa grande piété, à ses talents de chantre et de guerrier et surtout grâce à son légendaire triomphe face au géant Goliath. En outre, on ne se souvient pas de Salomon grâce à ses parents David et Bethsabée, mais grâce à sa grande clairvoyance, sa perspicacité, sa sagesse, son impressionnante fortune, son nombre hallucinant d'épouses. De même, on ne se souvient pas de Jean Baptiste grâce à ses parents Zacharie et Elisabeth, mais grâce à sa puissante onction Divine, à sa capacité de pardonner les péchés, de réconcilier les Hommes avec DIEU via le baptême. Mieux encore, on ne connait pas JESUS-CHRIST grâce à ses parents Joseph et Marie, mais grâce à ses multiples œuvres bienveillantes, à ses enseignements assagissant et repentants, à la puissante lumière sanctifiante qu'il a répandue et répand dans le monde etc. Quiconque a des oreilles pour entendre, entende et du discernement pour comprendre, comprenne ! **SIRACIDE 41 : 5 – 10.**

Voici la fin du discours : << Dès le bas âge, apprenons aux enfants à partager avec les autres et non à conserver. Inculquons leurs la mentalité d'aider les autres et non de les abandonner. De les sauver et non de les noyer. De les sanctifier et non de les diaboliser. De les repentir et non de les détruire. Et enfin de les pardonner et non de les haïr ! >>

<< L'éducation parentale est le socle de l'avenir de l'humanité soit pour maximiser le paganisme, soit pour le désintégrer et maximiser le christianisme ! >>

<< En termes d'éducation, les enfants n'écoutent pas ce qu'on leur dit, mais copient ce qu'ils voient des parents ! >>

<< Le devoir principal des parents est de donner une éducation spirituelle aux enfants et non une éducation charnelle, matérielle ; cette dernière dont le salaire est inéluctablement la malédiction du CREATEUR ! >>

<< Des enfants qui ont de quoi se nourrir et mènent une vie honnête cachent la modeste origine de leurs parents. Des enfants méprisants, mal élevés et pleins d'orgueil déshonorent la noblesse de leur famille. >> **SIRACIDE 22 : 3 – 8.**

<< […] Ce n'est pas en effet aux enfants à amasser pour leurs parents, mais aux parents pour leurs enfants. >> **2 CORINTHIENS 12 : 14.**

" Quiconque a des oreilles pour entendre, entende et du discernement pour comprendre, comprenne ! "

THEME 5 : LE JUGEMENT DU PROCHAIN

Bon nombre de personnes confondent « juger autrui » et « diaboliser autrui. » L'actuel système satanique veut nous faire croire que ces deux expressions sont des synonymes, or ce qui n'est nullement le cas ; car il existe un immense fossé entre ces deux expressions.

Toutefois, avant d'étaler le distinguo entre les deux notions précédemment citées, il est primordial de rappeler ce qu'on entend par le prochain. Comme la majorité le pense, le prochain n'est pas seulement une personne proche de nous, c'est-à-dire un membre de la famille, un(e) ami(e), un collaborateur, bref un partisan de notre vie. Notre prochain c'est l'humanité, c'est l'ensemble des humains et même des animaux et végétaux coexistant avec nous dans ce monde. Ainsi, dans notre contexte, il s'agit en l'occurrence des hommes, des femmes et des enfants que nous connaissons ou pas. **LUC 10 : 25 – 37.**

Cependant, « juger autrui » c'est attirer son attention sur sa conduite actuelle afin d'évaluer les enjeux de son mode de vie ; dont l'optique est de le dissuader d'arrêter de vivre vicieusement et enfin de le persuader de commencer à vivre vertueusement. En revanche, « diaboliser autrui » c'est le condamner, le condamner c'est le détruire, le détruire c'est lui faire du mal qu'importe la manière et les moyens, soit verbalement, soit physiquement, voir les deux et par conséquent lui faire du mal psychologiquement. A cet effet, pour une parfaite compréhension de ces deux notions, il est impérieux de consulter le célèbre enseignement du CHRIST intitulé : « la femme adultère » **JEAN 8 : 1 – 11.**

En outre, afin de bien clarifier la différence entre « juger autrui » et « diaboliser autrui » le MESSIE formule : << Vous jugez selon la chair, moi je ne juge personne. Et si je juge, mon jugement est vrai car je ne suis pas seul, mais le PERE qui m'a envoyé est avec moi (*Et si je juge, mon jugement est conforme à la Loi de DIEU LE PERE*) >> **JEAN 8 : 15 – 16.**

De ce fait, soyons réalistes et répondons rationnellement à ces deux questions : « Un chirurgien peut-il réparer une anomalie intérieure ou extérieure sans inciser son patient ? De la même manière, peut-on transformer une âme vicieuse en âme vertueuse sans la juger, sans la réprimander, sans l'exhorter ? » C'est la raison pour laquelle le redoutable apôtre Paul affirme : << Toute Ecriture est inspirée de DIEU et utile pour enseigner, pour convaincre, pour corriger, pour instruire dans la justice ; afin que l'Homme de DIEU (*la créature de DIEU*) soit accompli et propre à toute bonne œuvre. >> **2 TIMOTHEE 3 : 16 – 17.**

A ce propos, est-ce une mauvaise chose d'exhorter les frères d'arrêter de vivre dans l'illicite via le mensonge, le vol, le meurtre et autres ? Est-ce une mauvaise chose d'exhorter les sœurs d'arrêter de se dénaturer en se prostituant implicitement ou explicitement ? Est-ce une mauvaise chose d'exhorter les frères et sœurs d'abandonner les vices charnels ? **GALATES 5 : 19 – 21.** Est-ce une mauvaise chose de les exhorter à divorcer avec les défauts de l'Homme moderne ? **2 TIMOTHEE 3 : 1 – 5.**

Par ailleurs, si la réponse à ces interrogations est positive, alors à quoi servons-nous nous les Chrétiens dont les imitateurs du CHRIST ? Que devons-nous faire face au puissant paganisme sévissant dans le monde ? Devons-nous nous taire, nous cacher, ou alors simuler la paix avec les païens ? Est-ce que les prophètes, les apôtres et JESUS CHRIST se taisaient-ils face aux multiples et diverses exactions humaines ? Alors dans ce cas, en tant que enfants spirituels de ces derniers, pourquoi devrons-nous nous taire face à l'impiété et à l'incrédulité de nos congénères ? Devons-nous applaudir et se réjouir de l'accroissement exponentiel du paganisme dans le monde et par conséquent la destruction massive de nos semblables ? Loin de là puisque le JUSTE JUGE lui-même a décrété : << Quand je dirai au méchant : « tu mourras ! » si tu ne l'avertis pas, si tu ne parles pas pour détourner le méchant de sa mauvaise voie et pour lui sauver la vie, ce méchant mourra dans son iniquité et je te redemanderai son sang. Mais si tu avertis le méchant et qu'il ne se détourne pas de sa méchanceté et de sa mauvaise voie, il mourra dans son iniquité et toi tu sauveras ton âme [...] >> **EZEKIEL 3 : 18- 21.**

Dès lors, il est capital de savoir que le mal est la manifestation de tout ce qui n'est pas bien en pensées, en paroles et en actions. Etant donné que nous commettons quotidiennement le mal, est-ce que ça fait de nous des méchants ? Pour ma part, je pense que le méchant est une personne qui accepte le mal, qui aime le mal, qui pratique passionnément le mal, qui protège vigoureusement le mal et enfin qui promeut fièrement le mal.

D'une manière générale, suite à la clarification sémantique de ces deux expressions, nous pouvons ainsi déduire raisonnablement que « juger autrui » est mélioratif car permet la transformation du prochain de vicieux en vertueux. Par contre « diaboliser autrui » est péjoratif car fait l'inverse de l'autre, en plus met en exergue la pseudo-sanctification via une condescendance caractérisée. La maxime intitulée « Parabole du pharisien et du collecteur d'impôts » nous le prouve clairement. **LUC 18 : 9 – 14.** C'est la raison pour laquelle il est impérieux de bien comprendre la parabole suivante du CHRIST : << Ne jugez (*diabolisez*) point afin que vous ne soyez point jugés (*diabolisés*) [...] >> **MATTHIEU 7 : 1 – 5.**

" Quiconque a des oreilles pour entendre, entende et du discernement pour comprendre, comprenne ! "

THEME 6 : L'EGLISE : MINISTERE CHRISTIQUE OU MINISTERE SATANIQUE ?

LE dictionnaire Larousse définit l'église comme une société religieuse fondée par JESUS CHRIST ; c'est-à-dire une congrégation chrétienne. Selon le MESSIE, l'église est une communauté de personnes dans laquelle la piété en l'occurrence le profond attachement à DIEU est omniprésente. C'est ce contraste qui a poussé un homme avisé à affirmer : << Les apôtres n'entraient pas dans les temples et les synagogues pour en devenir des membres, ni pour s'associer aux chefs de ces bâtiments ; qui d'ailleurs les persécutaient à mort. Mais ils y entraient pour en faire sortir ceux qui y étaient retenus prisonniers de la religion afin de les conduire au Sauveur JESUS CHRIST ! >> C'est la raison pour laquelle l'apôtre Jacques formule : << Si quelqu'un croit être religieux sans tenir sa langue en bride, mais en trompant son cœur, la religion de cet Homme est vaine. La religion pure et sans tâche devant DIEU notre PERE consiste à visiter les orphelins et les veuves dans leurs afflictions et à se préserver des souillures du monde. >> **JACQUES 1 : 26 , 27**

De ce fait, une question me taraude incessamment : << Comment se fait-il que les églises naissent massivement, journellement et pullulent le monde ; alors que l'impiété ne fait qu'augmenter exponentiellement, journellement en gangrenant le monde et ses habitants ? >> C'est sans doute parce que l'église ne fait plus sa mission, celle de sanctifier en dissolvant les vices et en maximisant les vertus des Hommes. Elle ne fait plus sa mission parce qu'elle a perdu son essence, son identité ; tout simplement parce que le Diable s'y est infiltré pour la saboter afin de la supprimer. Ce qui veut dire qu'il y a mille fois plus de fausses églises que de vraies, en outre, il y a dix mille fois plus de faux leaders religieux que de vrais ; et pire encore, il y a un milliard de fois plus de faux Chrétiens que de vrais. **MATTHIEU 7 : 15 – 27**

Cependant, posez-vous ces questions : << Pourquoi aller à l'église ? Est-ce le but du christianisme ? L'appartenance à une église garantit-elle le paradis ? >> Quel que soit vos réponses, j'ose croire que vous n'êtes pas censé ignorer cette prophétie : << Car c'est le moment où le jugement va commencer par la maison de DIEU. Or si c'est par nous qu'il commence, quelle sera la fin de ceux qui n'obéissent pas à l'évangile de DIEU ? Et si le juste se sauve avec peine, que deviendront l'impie et le pécheur ? >> **1 PIERRE 4 : 17, 18**

A cet effet, je réfute l'aliénation qui stipule que c'est l'église qui sauve, qui change, qui éveille la foi ou qui la ternie via l'apostasie. Au contraire, c'est DIEU qui sauve, qui change et qui développe la foi à travers son fils JESUS CHRIST. Ainsi, si DIEU était seulement présent à l'église, alors cela signifie qu'il n'est pas omniprésent. S'il enseignait, assagissait seulement à l'église, alors cela signifie qu'il n'est pas omniscient. Et enfin, s'il sauvait, exauçait seulement à l'église, alors cela signifie qu'il n'est pas omnipotent. Or nous savons tous humains comme inhumains que DIEU est le TRIPLE O c'est-à-dire l'**O**mniscient- l'**O**mniprésent- l'**O**mnipotent.

Toutefois, comment différencier une vraie d'une fausse église ? Telle est la question que vous vous posez. Ainsi, cette différenciation est possible grâce à l'origine et à la nature de l'une comme de l'autre. Dès lors, pour connaitre leurs origines, nous devons nous référer à la nature donc à la qualité de leurs enseignements. Ces églises mondialement réputées pour leurs multiples sièges à travers le monde, par leur nombre hallucinant de fidèles et surtout par leurs budgets colossaux. Ces églises enseignent des maximes qui sont en inadéquation avec la parole et la volonté de DIEU. Les leaders de ces dernières falsifient les Saintes Ecritures, prêchent la chrétienté œcuménique et païenne basée sur le conformisme mondain. Ils argumentent : << Le monde évolue et par conséquent la parole de DIEU change. Nous pouvons désormais vivre comme bon nous semble car L'ETERNEL comprend et surtout ne prête plus attention à nos péchés parce que le monde évolue et change. Cependant, pour nous faire pardonner ou pour obtenir quoi que ce soit de sa part, il suffit de faire des offrandes ; plus l'offrande est considérable, plus il convertit nos exactions en bénédictions. Bref, faites ce qu'on vous dit, donnez ce qu'on vous demande et vous serez heureux, et mieux encore vous irez au paradis plus tard ! >> Quelle malsaine hérésie d'ailleurs en voici un aperçu des multiples conséquences de cette philosophie blasphématoire. **JEREMIE 14 : 15, 16**

En outre, c'est à cause de la pluralité de ces antéchrists que l'apôtre par excellence affirme : << Ces Hommes-là sont de faux apôtres, des ouvriers trompeurs déguisés en apôtres de CHRIST. Et cela n'est pas étonnant puisque Satan lui-même se déguise en ange de lumière. Il n'est donc pas étrange que ces ministres aussi se déguisent en ministres de justice. Leur fin sera selon leurs œuvres. >> **2 CORINTHIENS 11 : 13 – 15**

Suite à cette doctrine mensongère, nous pouvons donc conclure que l'origine de ces dites églises est satanique ; car elles adhérent et pratiquent fièrement la volonté du chérubin déchu qui est le Diable. Laissez-moi vous informez ou alors vous rappelez une réalité fondamentale : << Sur cette Terre, personne ne peut mieux prier pour soi que soi-même ! >> D'ailleurs le Maitre JESUS CHRIST le confirme lui-même dans **LUC 18 : 1 – 8**

D'autre part, en ce qui concerne les vraies églises qui sont extrêmement minoritaires celles-ci font l'inverse des usurpatrices majoritaires. Ce sont ces quelques églises que les apôtres nommaient : « L'église primitive » cette dernière est totalement et puissamment basée sur la parole de DIEU et non sur les convictions des Hommes. Car il est écrit : << JESUS CHRIST est le même hier, aujourd'hui et éternellement. >> **HEBREUX 13 : 8**. Ce qui veut dire que tout ce que LE CREATEUR a interdit, reste interdit et tout ce qu'il a recommandé, reste d'actualité. Ainsi, cette église primitive enseigne les Lois Divine, elle enseigne la sanctification sans laquelle personne ne verra le SEIGNEUR. En outre, elle dit la vérité que la majorité a horreur d'entendre d'ailleurs à ce propos, le légendaire apôtre Paul atteste : << [...] Car il viendra un temps où les Hommes ne supporteront pas (*plus*) la Sainte doctrine, mais ayant la démangeaison d'entendre des choses agréables, ils se donneront une foule de docteurs selon leurs propres désires, détourneront l'oreille de la vérité et se tourneront vers les fables. >> **2 TIMOTHEE 4 : 1 – 4.** En ce qui me concerne, j'ai baptisé cette église primitive « Le Biblisme Spirituel » qui par définition est le mode de vie basé sur la lecture, la compréhension, l'acceptation, la sauvegarde et la pratique journalière des maximes des Saintes Ecritures ; afin de devenir un parfait imitateur de JESUS CHRIST. Voilà pourquoi le fabuleux apôtre Paul formule : << Dès ton enfance, tu connais les Saintes Ecritures qui peuvent te rendre sage à salut par la foi en JESUS CHRIST. Toute Ecriture est inspirée de DIEU et utile pour enseigner, pour convaincre, pour corriger, pour instruire dans la justice afin que l'Homme de DIEU soit accompli et propre à toute bonne œuvre. >> **2 TIMOTHEE 3 : 15 – 17.** Cette notion de Biblisme Spirituel sera mieux explicitée dans mon prochain ouvrage qui s'intitulera « LE DIABLE EST UN MENTEUR »

En d'autres termes, la vraie église de DIEU n'a jamais été le bâtiment, mais a toujours été l'obéissance quotidienne aux commandements de L'ETERNEL. Quant à l'église satanique, elle a toujours été le bâtiment, toujours été l'appât du gain et axée sur l'obéissance aveugle, aux fables des Hommes sous inspiration Diabolique. **MATTHIEU 24 : 1 – 14**

D'une manière générale, trouvez DIEU avant qu'il ne vous trouve ! A cet effet, on ne cherche pas LE TOUT- PUISSANT car soit on l'accepte en suivant JESUS CHRIST et ses apôtres, soit on le rejette en imitant le Diable et ses antéchrists. De plus, ne vous laissez pas/plus entrainer par l'impiété de la majorité ; ne faites pas/plus parti de ces milliards de personnes qui seront surprises au jour de l'inspection des âmes ! De même, ne soyez pas/plus incrédules comme le furent les habitants de l'ancien monde qui périrent atrocement par le déluge ! En outre, ne soyez pas/plus ennemi(e) du TRES-HAUT par crainte d'être pulvériser par lui comme le furent Sodome, Gomorrhe et autres ! Mieux encore, ne défiez pas/plus LE MAITRE DE L'UNIVERS de peur qu'il ne vous maudisse, comme il le fit en Egypte pharaonique !

Et voici la fin du discours : << Certainement mon peuple (*l'humanité*) est fou, il ne me connait pas ; ce sont des enfants insensés, dépourvus d'intelligence. Ils sont habiles à faire le mal, mais ils ne savent pas faire le bien (*Ils savent faire le bien, mais ils ne le font pas. Ils ne le font pas, parce qu'ils ne le veulent pas. Ils ne* le *veulent pas parce qu'ils sont méchants*) >> **JEREMIE 4 : 22**

<< Je vous exhorte donc, frères par les compassions de DIEU à offrir vos corps comme un sacrifice vivant, saint, agréable à DIEU ce qui sera de votre part un culte raisonnable. Ne vous conformez pas au siècle présent, mais soyez transformés par le renouvellement de l'intelligence afin que vous discerniez quelle est la volonté de DIEU, ce qui est bon, agréable et parfait. >> **ROMAINS 12 : 1, 2**

<< Mais l'heure vient et elle est déjà venue où les vrais adorateurs adoreront le PERE en esprit et en vérité ; car ce sont là les adorateurs que le PERE demande. >> **JEAN 4 : 23**

" Quiconque a des oreilles pour entendre, entende et du discernement pour comprendre, comprenne ! "

THEME 7 : VOTRE RELIGION

LA religion est le précieux processus qui permet de relier, de rapprocher l'Homme à DIEU LE CREATEUR et lui à nous. Ainsi, il existe une multitude et une pluralité de religions, je pense même qu'il en existe autant qu'il en existe de mots. En ce qui me concerne, je n'en connais que deux à savoir le judaïsme et le christianisme ; quoique le christianisme est la version évoluée, absolue donc la finalité du judaïsme. Ce qui veut dire qu'en réalité, je connais uniquement une seule religion en l'occurrence le christianisme.

Dès lors, le but de cette thématique repose sur la réponse à la question suivante : << Pourquoi êtes-vous chrétien(ne) ? Quelles sont les raisons qui vous motivent à servir L'ETERNEL ? >> Etant donné que nous sommes tous pareils mais différents quant à la manière de raisonner, d'observer, de s'exprimer, d'agir et de vivre, chacun de nous possède des réponses rationnelles ou irrationnelles à ces interrogations.

Toutefois, avant de vous présenter et d'argumenter les raisons de ma servitude Divine, il est impérieux pour moi de rappeler une fois de plus une réalité indéniable, fondamentale et vitale : servir DIEU, c'est servir JESUS CHRIST. Obéir à L'ETERNEL c'est obéir à la lumière du monde qui est JESUS CHRIST. Suivre et respecter le CREATEUR, c'est suivre et respecter l'unique médiateur à savoir JESUS CHRIST. C'est la raison pour laquelle LE TOUT- PUISSANT lui-même décrète : << Et voici une voix fit entendre des cieux ces paroles : « celui-ci est mon fils bien-aimé en qui j'ai mis toute mon affection (*écoutez le, respectez le, suivez le, obéissez lui)* » >> **MATTHIEU 3 : 17.** En outre, le MESSIE le confirme en formulant : << [...] JESUS lui dit : « je suis le chemin, la vérité et la vie. Nul ne vient au PERE que par moi. » >> **JEAN 14 :1 – 16.**

Cependant, voici les trois principales raisons pour lesquelles je suis chrétien et extrêmement fière de l'être. Je sers LE CREATEUR, DIEU, LE PERE par :

❖ **<u>RECONNAISSANCE</u> :**

C'est L'ETERNEL qui, journellement, abondamment et gratuitement m'a donné et continue de me donner un nombre incalculable de privilèges, de grâces à l'instar de : la vie, la santé physique, mentale et spirituelle, la protection Divine, l'immunité démoniaque, la famille, les parents géniaux et exemplaires, les frères et sœurs vertueux, les ami(e)s fidèles, les dons, les talents, les aptitudes, la personnalité, les traits physiques et psychiques, la liberté, le contentement, la suffisance, l'abondance, la sagesse, le Saint-Esprit, l'amour etc. Alors, je sers le BON DIEU par loyauté et je le ferai jusqu'au jour de ma mort : car je lui dois énormément et éternellement !

❖ **CLAIRVOYANCE** :

C'est L'ABSOLU qui m'a héroïquement sauvé du conformisme mondain, de l'athéisme, du paganisme, de l'œcuménisme. En d'autres termes, il m'a délivré de telle sorte que je ne suis plus un païen, un impie. De même, je ne suis plus un esclave du système encore moins une marionnette du Diable prince, gérant et responsable des horreurs ce monde inculte et occulte. Ainsi, en connaissance de cause, j'ai réalisé que le mode de vie que le TOUT-PUISSANT recommande vivement via l'obéissance à ses Lois, à ses coutumes, à ses commandements est bénéfique pour moi ainsi que pour l'ensemble de l'humanité. Ce qui veut par ailleurs dire que le mode de vie qu'il proscrit farouchement via le conformisme sociétaire est nocif pour moi ainsi que pour l'ensemble de l'humanité ; et ce qui est tout à fait normal puisque LE TRES-HAUT est un excellent PERE et un parfait MAITRE donc maitrise tout ce qui est bon ou mauvais pour ses enfants. De ce fait, ayons l'honnêteté de reconnaitre que c'est lui qui avait raison, c'est lui qui a raison et par conséquent c'est lui qui aura toujours raison !

❖ **INCONVENENCE DU SYSTEME** :

Le système dans lequel nous vivons est totalement satanique car il est régi par le gouvernant Satan qui statut, préconise les lois fondamentalement vicieuses, profondément et éternellement destructrices. Aucunement besoin d'étayer cette réalité car le fonctionnement de la société nous le prouve journellement.

Cependant, mon inconvenance du système se résume aux dires du sage Ben Sira qui affirme : << Tout ne conviens pas à tous et tous ne trouvent pas en tout leurs agréments ! >> En ce qui me concerne, le conformisme sociétaire, le paganisme, l'œcuménisme, l'athéisme ne me conviennent guère. Je ne peux plus adopter le mode de vie charnel et ténébreux par le biais de ces innombrables vices jouissifs mais profondément nocifs. De plus, il est inenvisageable pour moi de remettre la laisse de l'esclave du système. Mieux encore, il est impossible pour moi de me laisser à nouveau marionnettiser par le père du mensonge, responsable favoris de la déchéance de l'humanité. Je ne peux plus jamais revivre un tel cauchemar car lorsque j'étais païen, je raisonnais comme un païen, j'observais comme un païen, je parlais comme un païen, j'agissais comme un païen et je vivais comme un païen ; devenu chrétien par le noble sacrifice du Seigneur JESUS CHRIST, j'ai fait disparaitre ce qu'il y avait du païen. A cause de cet état d'esprit, de ce choix de vie christique, j'essuie journellement des insultes, des moqueries, des rejets, des échecs, des drames intérieurs poignants et pathétiques. Choses que je perçois désormais telles des compliments et des caresses car je suis traité comme ils ont traités les prophètes, les apôtres et le CHRIST ; et par conséquent, je suis éligible pour vivre le parfait et éternel bonheur avec qu'eux dans les dimensions Céleste. Quel immense honneur pour moi !

Par ailleurs, il existe également d'autres raisons de ma chrétienté, mais je m'abstiens de les mentionnées car à force d'écrire, le corps s'épuise. En résumé, voilà les raisons fondamentales pour lesquelles je sers DIEU LE CREATEUR et JESUS CHRIST. De plus, ce sont ces raisons qui font en sorte que je m'échine journellement à pratiquer les maximes émanant de la Sainte Bible. En outre, c'est toujours ces raisons qui font en sorte que je m'évertue à contaminer bienveillamment et Christiquement mes contemporains via la lumière et le parfum de la vie spirituelle.

Ainsi, je vous repose la question : << Pourquoi servez-vous DIEU ? Aimez-vous réellement DIEU, ou alors aimez-vous uniquement les bénédictions de DIEU ? >> Qu'importe vos vocables, souvenez-vous de cette puissante parole : << Car l'amour de DIEU consiste à garder ses commandements et ces commandements ne sont pas pénibles. >> **1 JEAN 5 : 3.**

En somme, je termine cette thématique en vous exhortant vivement de lire, de comprendre, d'accepter, de sauvegarder et de pratiquer dès maintenant la maxime intitulée « Choisir la vie » **DEUTERONOME 30 : 11 – 20.**

" Quiconque a des oreilles pour entendre, entende et du discernement pour comprendre, comprenne ! "

THEME 8 : LA VIE EST UN CHOIX

LE monde est un ensemble formé de deux camps distincts à savoir : le mystique et le spirituel, l'obscurité et la lumière, la chair et l'esprit, le bien et le mal. **GALATES 5 : 13 – 26.**

Ainsi, en tant que prothèses de l'humanité, nous avons tous le devoir de faire un choix entre ces deux options ; en d'autres termes choisir un camp, un mode de vie. A cet effet, ce choix de vie détermine qui nous sommes actuellement et par conséquent révèle ce que nous serons plus tard. Cependant, ce choix est à la fois facile et difficile ; facile parce qu'il faut juste cogiter afin d'identifier les enjeux de chaque camp, puis déterminer celui qui est bénéfique pour soi et enfin le rejoindre. Difficile parce qu'il faut assumer les multiples conséquences de ce choix de vie.

Dès lors, en ce qui concerne le choix du camp, L'ETERNEL lui-même exhorte : << J'en prends aujourd'hui à témoin contre vous le ciel et la terre : j'ai mis devant toi la vie et la mort, la bénédiction et la malédiction. Choisis la vie, afin que tu vives toi et ta prospérité pour aimer L'ETERNEL ton DIEU, pour obéir à sa voix et pour t'attacher à lui : car de cela dépendent ta vie et la prolongation de tes jours [...] >> **DEUTERONOME 30 : 19 – 20.**

En outre, son fils bien-aimé le MESSIE recommande à son tour : << Entrez par la porte étroite car large est la porte, spacieux est le chemin qui mènent à la perdition et il y en a beaucoup qui entrent par là. Mais étroite est la porte resserré le chemin qui mènent à la vie et il y en a peu qui les trouvent. >> **MATTHIEU 7 : 13 – 14.**

Remarquez que ces deux êtres suprêmes dont DIEU LE CREATEUR et JESUS CHRIST la lumière du Monde nous orientent d'ores et déjà sur l'unique choix à faire ; car ils nous connaissent mieux que nous-même et par conséquent savent exactement le mode de vie qui est bénéfique pour nous. Néanmoins, il ne s'agit pas là d'une injonction, mais plutôt d'une recommandation car notre libre-arbitre nous confère le droit d'ignorer ou de considérer ce conseil vital.

Par ailleurs, étant donné que le CHRIST n'est pas menteur comme le Diable, il spécifie les enjeux du choix qu'il recommande. A cet effet, il formule : << En vérité, en vérité, je vous le dis, vous pleurerez et vous vous lamenterez et le monde se réjouira, vous serez dans la tristesse, mais votre tristesse se changera en joie. La femme, lorsqu'elle enfante éprouve de la tristesse parce que son heure est venue, mais lorsqu'elle a donné le jour à l'enfant, elle ne se souvient plus de la souffrance à cause de la joie qu'elle a de ce qu'un Homme est né dans le monde

[…] Jusqu'à présent vous n'avez rien demandé en mon nom. Demandez et vous recevrez afin que votre joie soit parfaite. >> **JEAN 16 : 20 – 24.**

De même, il rajoute : << Vous serez haïs de tous, à cause de mon nom, mais celui qui persévéra jusqu'à la fin sera sauvé […] Le disciple n'est pas plus que le maitre, ni le serviteur plus que son seigneur. Il suffit au disciple d'être traité comme son maitre et au serviteur comme son seigneur. S'ils ont appelé le maitre de la maison Belzébul, à combien plus forte raison appelleront-ils ainsi les gens de sa maison. Ne les craignez donc point, car il n'y a rien de caché qui ne doive être découvert, ni de secret qui ne doive être connu […] Ne craignez pas ceux qui tuent le corps et qui ne peuvent tuer l'âme ; craignez plutôt celui qui peut faire périr l'âme et le corps dans la géhenne. >> **MATTHIEU 10 : 22 – 28.**

Ainsi, je m'abstiens de lister les enjeux des apôtres consolidants ceux du Maitre JESUS CHRIST. Néanmoins, en cas de prise de décision inverse, c'est-à-dire faire le mauvais choix, choisir le camp de Satan donc le camp de la perdition ; le sage roi Salomon vous dissuade et vous persuade via **ECCLESIASTE 11 (9, 10) ; 12 : 1 – 16.**

En outre, le sage Ben Sira en fait autant en attestant : << Malheur aux cœurs lâches et aux mains sans courage, au pécheur (*à l'Homme*) qui chemine sur deux routes (*tantôt la route du bien, tantôt celle du mal*) >> **SIRACIDE 2 : 12.**

Mieux encore, le valeureux apôtre Paul rajoute en affirmant : << Ne vous y trompez pas, on ne se moque pas de DIEU. Ce qu'un Homme aura semé, il le moissonnera aussi. >> **GALATES 6 : 7.**

Cependant, afin d'annihiler le dilemme concernant ces deux modes de vie totalement divergents, j'aimerais revenir sur le secret de vie que nous a révélé le Seigneur JESUS CHRIST via la représentation ci-dessous intitulée : « Le choix du camp »

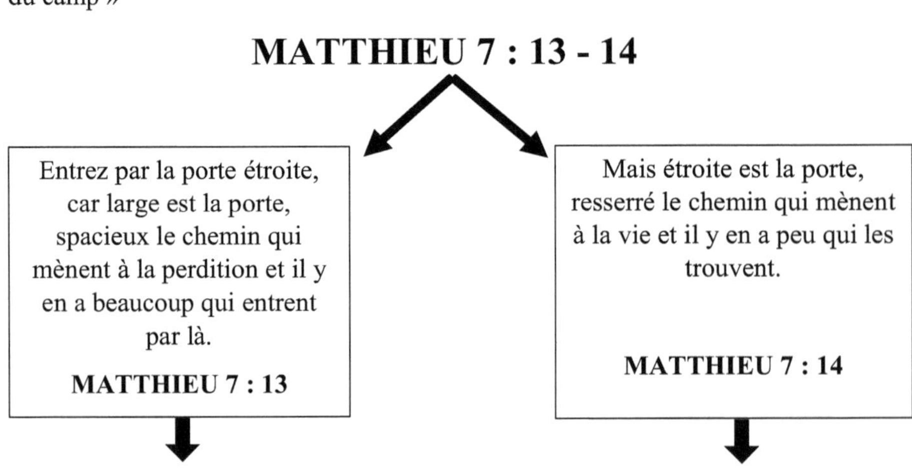

Car il en est plusieurs qui marchent en ennemis de la croix de CHRIST, je vous en ai souvent parlé et j'en parle maintenant en pleurant. Leur fin sera la perdition, ils ont pour dieu leur ventre, ils mettent leur gloire dans ce qui fait leur honte, ils ne pensent qu'aux choses de la Terre.

PHILIPPIENS 3 : 18 - 19

Je vous exhorte donc frères par les compassions de DIEU à offrir vos corps comme un sacrifice vivant, saint, agréable à DIEU, ce qui sera de votre part un culte raisonnable. Ne vous conformez pas au siècle présent, mais soyez transformés par le renouvellement de l'intelligence afin que vous discerniez quelle est la volonté de DIEU ce qui est bon, agréable et parfait.

ROMAINS 12 : 1 - 2

1 THESSALONICIENS 4 : 3 – 9

LE CHOIX DU CAMP

D'une manière générale, nous pouvons aisément conclure cette thématique en formulant : << Qui sème les ténèbres, la chair et le mal récolte les malédictions ; mais qui sème la lumière, l'esprit et le bien récolte les bénédictions ! >> **DEUTERONOME 28 : 1 – 68.**

<< Le monde est divisé en deux catégories : ceux qui servent le Diable et ceux qui servent JESUS CHRIST ; moi je fais partie de la seconde catégorie minoritaire ! Et vous qui servez-vous ?>>

" Quiconque a des oreilles pour entendre, entende et du discernement pour comprendre, comprenne ! "

THEME 9 : LES PERSECUTIONS : LA PERSEVERANCE DANS LES EPREUVES

LEs épreuves sont l'ensemble des peines, des adversités, des tumultes, des calamités, des persécutions, des souffrances, des douleurs et des malheurs qui parsèment quotidiennement nos vies !

Face à ces multiples difficultés, nous concevons le monde comme une prison infernale. Nous nous sentons comme dans un cachot asphyxiant qui est la solitude dépressive. Nous sommes comme liés avec les chaines de l'échec qui sont en réalité les victoires diaboliques. Nous nous sentons comme flagellés par l'insensibilité, la méchanceté et l'impiété humaine. Nous agonisons dans la douleur. Nous avons pour pain quotidien le chagrin et pour boisson journalière nos larmes. Nous avons pour conseillère l'apostasie. Et enfin nous avons comme compagnon de cellule, le malheur.

A ce propos, c'est majoritairement à cause de cet état d'âme macabre que de nombreuses personnes optent pour le suicide ; or c'est l'une des deux choses qu'il ne faut absolument pas faire car le CREATEUR a décrété : « Tu ne tueras point » à combien plus forte raison il est abominable, voire impardonnable de s'ôter la vie ? De même, accepter d'épouser l'apostasie en rejoignant le paganisme n'est également pas la solution au problème. A cet effet, voici comment y faire face d'après la parole de DIEU :

<< Au jour du bonheur sois heureux et au jour du malheur réfléchis [...] >> **ECCLESIASTE 7 : 14**

<< Celui qui réfléchit sur les choses trouve le bonheur ; et celui qui se confie en L'ETERNEL est heureux. >> **PROVERBES 16 : 20**

<< Entrez par la porte étroite. Car large est la porte, spacieux est le chemin qui mènent à la perdition et il y en a beaucoup qui entrent par là. Mais étroite est la porte, resserré le chemin qui mènent à la vie et il y en a peu qui les trouvent. >> **MATTHIEU 7 : 13, 14**

<< Souffre avec moi comme un bon soldat de JESUS CHRIST. Il n'est pas de soldat qui s'embarrasse des affaires de la vie s'il veut plaire à celui qui l'a enrôlé ; et l'athlète n'est pas couronné, s'il n'a pas combattu suivant les règles. >> **2 TIMOTHEE 2 : 3 – 5**

<< Or tous ceux qui veulent vivre pieusement en JESUS CHRIST seront persécutés. > **2 TIMOTHEE 3 : 12**

<< [...] DIEU nous châtie pour notre bien, afin que nous participions à sa sainteté. Il est vrai que tout châtiment semble d'abord un sujet de tristesse et non de joie, mais il produit plus tard pour ceux qui ont été ainsi exercés un fruit paisible de justice. Fortifiez donc vos mains languissantes et vos genoux affaiblis et suivez avec vos pieds des voies droites, afin que ce qui est boiteux ne dévie pas, mais plutôt se raffermisse. Recherchez la paix avec tous et la sanctification sans laquelle personne ne verra le SEIGNEUR. >> **HEBREUX 12 : 3 – 14**

<< Voici, nous disons bienheureux ceux qui ont souffert patiemment. Vous avez entendu parler de la patience de Job et vous avez vu la fin que le SEIGNEUR lui accorda, car le SEIGNEUR est plein de miséricorde et de compassion. >> **JACQUES 5 : 11**

<< Car il vaut mieux souffrir si telle est la volonté de DIEU, en faisant le bien qu'en faisant le mal. >> **1 PIERRE 3 : 17**

<< Que nul de vous en effet ne souffre comme meurtrier, ou voleur ou malfaiteur ou comme s'ingérant dans les affaires d'autrui. Mais si quelqu'un souffre comme chrétien, qu'il n'en ait point honte et que plutôt il glorifie DIEU à cause de ce nom. >> **1 PIERRE 4 : 15, 16**

<< Humiliez-vous donc sous la puissante main de DIEU, afin qu'il vous élève au temps convenable ; et déchargez-vous sur lui de tous vos soucis, car lui-même prend soin de vous. >> **1 PIERRE 5 : 6, 7**

Cependant, vous me direz : << La théorie est très différente de la pratique ; en outre, nous n'avons pas la même force intérieure comme nos pères dans la foi en l'occurrence les prophètes, les apôtres et le Maitre JESUS CHRIST ! >> Je partage pleinement cette thèse qui est d'ailleurs irréfutable. Dès lors, en cette période d'anxiété, ou sont passé notre esprit compétitif, notre têtutesse et notre orgueil ? Suite à ce tsunami de maux, remplaçons les échecs par des essais, les rechutes par des apprentissages et les victoires Diabolique par des défis. Et surtout, souvenons-nous de ces deux réalités suivantes :

<< J'ai été jeune, j'ai vieilli et je n'ai point vu le juste abandonné, ni sa postérité mendiant son pain (*ni sa descendance mendier*) >> **PSAUMES 37 : 25**

<< Aucune tentation (*persécution*) ne vous est survenue qui n'ait été humaine et DIEU qui est fidèle ne permettra pas que vous soyez tentés (*persécutés)* au-delà de vos forces ; mais avec la tentation (*la persécution*) il préparera aussi le moyen d'en sortir, afin que vous puissiez la supporter. >> **1 CORINTHIENS 10 : 13.**

Toutefois, dans la foi Chrétienne, il arrive un moment où le Diable nous persécute de tel sorte que, plus nous prions, plus les choses dans nos vies se corsent et moins nous prions, plus ces choses s'arrangent. Son objectif est de nous faire croire que la parole de DIEU est mensongère dont indigne de confiance. En outre, son but est de nous faire croire que LE CREATEUR est une pierre d'achoppement, un obstacle pour nos vies, et par conséquent veut nous faire croire que nous n'avons guère besoin de lui sous prétexte que nous pouvons tout faire sans lui et nous pouvons tout devenir sans lui. Hérésie, duperie, fourberie !!! Par ailleurs, la fin de ce moment persécuteur et trompeur s'appelle : « la victoire sur l'ennemi » cette dernière s'accompagne toujours et inéluctablement par une diversité et une pluralité de bénédictions comme le décrète L'ETERNEL lui-même dans **DEUTERONOME 28 : 1 – 14.** Par contre, l'échec de cette machination diabolique s'appelle : « l'apostasie » qui occasionne l'œcuménisme, le paganisme, l'athéisme et par conséquent l'inimitié avec LE TOUT – PUISSANT dont le salaire est **DEUTERONOME 28 : 15 – 68.**

Voici la fin du discours : << Dans le Christianisme, pour entrevoir la lumière, il faut accepter de sombrer dans les ténèbres ! >>

" Quiconque a des oreilles pour entendre, entende et du discernement pour comprendre, comprenne ! "

THEME 10 : LE CASQUE DU SALUT

LEs armes spirituelles énumérer par le légendaire apôtre Paul sont des dispositions bienveillantes dont chacun de nous doit se munir afin de combattre et de remporter la victoire contre le féroce ennemi qui est le Diable via son ministère qui est le paganisme. A titre de rappel, il s'agit entre autres de : << [...] Tenez donc ferme, ayez à vos reins la vérité pour ceinture, revêtez la cuirasse de la justice, mettez pour chaussure à vos pieds le zèle que donne l'évangile de paix, prenez par-dessus tout cela le bouclier de la foi avec lequel vous pourrez éteindre tous les traits enflammés du malin, prenez aussi le casque du salut et l'épée de l'esprit qui est la parole de DIEU. >> **EPHESIENS 6 : 11- 17**

Ainsi, parmi cet arsenal, il existe une vertu qui est une épée à double tranchant car elle est à la fois personnelle et interpersonnelle. Il s'agit notamment du casque du salut. Il est personnel parce qu'il consiste tout d'abord à sauver sa propre âme du paganisme en quittant le mode de vie vicieux au profit de celui vertueux. D'autre part, il est interpersonnel puisqu'il permet d'aider nos contemporains à faire pareil ; en l'occurrence travailler avec qu'eux afin de les sortir du conformisme mondain dans lequel ils sont noyés. C'est d'ailleurs à cause de ce double effet que le MESSIE s'interroge : << Pourquoi vois-tu la paille qui est dans l'œil de ton frère et n'aperçois-tu pas la poutre qui est dans ton œil ? Ou comment peux-tu dire à ton frère : laisse-moi ôter une paille de ton œil, toi qui as une poutre dans le tien ? Hypocrite, ôte premièrement la poutre de ton œil et alors tu verras comment ôter la paille de l'œil de ton frère. >> **MATTHIEU 7 : 3 – 5**

Dès lors, le casque du salut met en exergue la mentalité salvatrice du Chrétien vis-à-vis du monde, du paganisme et du païen. Cette mentalité est majoritairement d'ordres interpersonnels car nos aïeuls, les prophètes, les apôtres et le CHRIST n'ont pas été envoyés et sacrifiés ici-bas pour s'auto-sauver ; mais plutôt pour nous sauver. C'est très égoïste voire même méchant de s'occuper uniquement de son propre salut et d'être indifférent face à la déchéance pécheresse des autres. C'est la raison pour laquelle dans cette thématique, nous allons nous focaliser sur l'aspect interpersonnel que sur celui personnel.

A cet effet, le casque du salut met en évidence cinq états d'esprits distincts mais étroitement liés qui sont :

- <u>LA MENTALITE D'AIDER ET NON CELLE D'ABANDONNER :</u>

De jour en jour, le monde va de mal en pire faute aux atrocités qui s'y passent. A cause de cette putréfaction mondaine, bon nombre de personnes perdent leur humanité en devenant insensibles, durs et méchants. Et c'est exactement ce que le Diable, dirigeant de ce monde veut que nous devenions. Ainsi, le redoutable apôtre Paul n'a-t-il pas dit : << Ne nous lassons pas de faire le bien ; car nous moissonnerons au temps convenable, si nous ne nous relâchons pas. >> **GALATES 6 : 9.** Alors nous, entend que Chrétiens, nous avons le devoir de ne pas nous lasser d'aider les autres, car faire le bien est merveilleusement bien. En outre, faire le bien aux autres, c'est se faire du bien à soi-même.

Soyons réellement des imitateurs du CHRIST lui qui passait son temps à rendre gracieusement service aux autres quel que soit le problème. Voilà pourquoi il nous exhorte à l'imiter : << [...] Vous m'appelez Maitre et Seigneur et vous dites bien car je le suis. Si donc je vous ai lavés les pieds moi le Seigneur et le Maitre, vous devez aussi vous laver les pieds les uns les autres ; car je vous ai donné un exemple, afin que vous fassiez comme je vous ai fait. >> **JEAN 13 : 3 – 15**

Certes, vous allez me dire qu'il est impossible d'imiter JESUS CHRIST car il est DIEU donc dépourvu de toutes impuretés humaines ; j'en conviens, alors dans ce cas, imitons au moins le bon samaritain qui n'est pas DIEU. **LUC 10 : 25 - 37**

➢ LA MENTALITE DE SAUVER ET NON CELLE DE NOYER :

Si nous ne voulons pas aider les autres, alors ne les noyons pas non plus. L'apôtre par excellence n'a-t-il pas dit : << Portez les fardeaux les uns des autres et vous accomplirez ainsi la loi de CHRIST. >> **GALATES 6 : 2.** Ne l'a-t-il pas lui-même fait pour nous, afin de nous sauver du puissant poison mortel qui est le paganisme ? Que dire de la lumière du monde JESUS CHRIST ?

Ainsi, disons la vérité à nos congénères afin de les conduire et de les maintenir dans la rationalité qui est la piété. Sauvons nos semblables des dangers, des problèmes, des mauvais choix et des conséquences de ces mauvais choix.

De plus, évitons de nous moquer des autres, arrêtons d'avoir ce complexe de supériorité, arrêtons d'exploiter les autres, de se servir d'eux afin d'accroitre notre prospérité.

➢ LA MENTALITE DE PARTAGER ET NON CELLE D'AMASSER :

L'égoïsme est une forme de méchanceté. Le complexe de supériorité, le désir d'être toujours au-dessus des autres, la manie d'avoir toujours ce que les autres ne peuvent pas s'offrir sont là des attitudes puériles et païennes. Cependant, y a-t-il une quelconque joie en étant prospère, en paix et heureux tout seul alors que nous sommes des milliards ? CHRIST était-il égoïste, insensible et méchant ? Et pourquoi nous Chrétiens le sommes ? C'est la raison pour laquelle le légendaire apôtre Paul nous exhorte à la libéralité, au partage, aux gratuités à la rente des services vis-à-vis des autres. A cet effet, il atteste : << Et n'oubliez pas la bienfaisance et la libéralité car c'est à de tels sacrifices que DIEU prend plaisir>> **HEBREUX 13 : 16**

> ➢ LA MENTALITE DE SANCTIFIER ET NON CELLE DE DIABOLISER

Au lieu de s'échiner afin de rendre les autres meilleurs, nous avons plutôt la manie de les critiquer, de les rabaisser, de les insulter, de se moquer d'eux et de les diaboliser. Le comble est que, nous nous moquons, nous critiquons, nous insultons et nous diabolisons les péchés que nous aurions pu commettre, voire même que nous commettons en secret ; car nous sommes tous des pécheurs ici-bas. A cet effet, JESUS CHRIST a-t-il critiquer, rabaisser, insulter, diaboliser, s'est-il moqué de Marie de Magdala la prostituée notoire ? Ne l'a-t-il pas plutôt sanctifié en éjectant en elle les démons qui l'assujettissaient à la prostitution ? **MARC 16 : 9 ; LUC 8 : 2.**

A ce propos, pourquoi nous autres imitateurs de CHRIST ne pouvons-nous pas faire de même envers nos semblables qui sont noyés dans les vices et abominations de toutes sortes ? Pourquoi ne pouvons-nous pas œuvrer afin de les contaminer spirituellement via l'exhortation, l'évangélisation, le jeûne et la prière ? Pourquoi n'avons-nous pas la volonté de transformer les âmes païennes en âmes chrétiennes ? C'est la raison pour laquelle le valeureux apôtre Paul exhorte : << Nous vous prions aussi frères, avertissez ceux qui vivent dans le désordre, consolez ceux qui sont abattus, supportez les faibles, usez de patience envers tous. >> **1 THESSALONICIENS 5 : 14.**

> ➢ LA MENTALITE DE REPENTIR ET NON CELLE DE DETRUIRE :

La repentance conduit à la soumission, à l'obéissance et enfin au sauvetage de l'âme. Or la destruction entraine la condamnation du corps et de l'âme. Ainsi, le héros du monde JESUS CHRIST a-t-il condamné la femme adultère ? Ne l'a-t-il pas plutôt pardonné en l'exhortant de se repentir afin d'éviter la récidive et de se consacrer à l'honnêteté conjugale ? **JEAN 8 : 3 – 11.**

De ce fait, d'où nous vient cet esprit de détruire les autres ? D'où nous vient cette incapacité, ce refus de pardonner en cas de demande de pardon ou non ? La haine dans le cœur favorise-t-elle le bonheur et la paix ? Pour ma part, la réponde à cette question est NON !

Toutefois, sachons que les personnes qui vivent fièrement dans le péché sont en réalité des personnes faibles car le paganisme est nettement plus fort qu'elles. C'est la raison pour laquelle nous ne devons pas participer à leur déchéance, mais plutôt participer à leur repentance. D'ailleurs à cet effet, l'indomptable apôtre Paul nous exhorte : << J'ai été faible avec les faibles, afin de gagner les faibles. Je me suis fait tout à tous afin d'en sauver de toute manière quelques-uns. >> **1 CORINTHIENS 9 : 22.**

Cependant, je suis conscient qu'aider, sauver, sanctifier et aimer les abominables est extrêmement difficile puisque ces derniers sont irrespectueux, provoquants, arrogants, orgueilleux et pour la plupart méchants. Mais n'est-ce pas là un défi pour nous Chrétiens de les amener à la repentance ? A ce propos, le CHRIST lui-même n'a-t-il pas énoncé : << [...] De même, je vous le dis, il y aura plus de joie (*il y a plus de joie*) dans le ciel pour un seul pécheur qui se repent, que pour quatre-vingt-dix-neuf justes qui n'ont pas besoin de repentance [...] De même, je vous le dis, il y a de la joie devant les anges de DIEU pour un seul pécheur qui se repent.>> **LUC 15 : 1 – 32**

En outre, si nous ne nous aimons pas, que doit-on aimer ? Les objets, les choses, le monde ? Qui doit-on aimer ? Le BON DIEU que nous ne voyons pas ou alors le Diable qui nous détruit en nous montant les uns contre les autres ? Ainsi, personne d'entre nous ne sortira vivant de ce monde, alors autant vivre ensemble via le respect, la justice, la bonté [...] et l'amour. C'est dans cette optique que le grand esprit Maurice Tiéche formule : << Aimer les autres, c'est les aider à se rendre aimables ! >>

Voici la fin du discours : << Allez, faites de toutes les nations des (*mes*) disciples, les baptisant au nom du PERE, du Fils et du Saint-Esprit ; et enseignez-leur à observer tout ce que je vous ai prescrit. Et voici, je suis avec vous tous les jours, jusqu'à la fin du monde. >> **MATTHIEU 28 : 19 – 20**

<< Ne devez rien à personne, si ce n'est de vous aimer les uns les autres ; car celui qui aime les autres a accompli la loi. En effet, les commandements : tu ne commettras point d'adultère, tu ne tueras point, tu ne déroberas point, tu ne convoiteras point et ceux qu'il peut encore y avoir, se résument dans cette parole : tu aimeras ton prochain comme toi-même. L'amour ne fait point de mal au prochain, l'amour est donc l'accomplissement de la loi. >> **ROMAINS 13 : 8 – 10.**

<< Si vous accomplissez la loi Royale selon l'Ecriture : Tu aimeras ton prochain comme toi-même, vous faites bien. >> **JACQUES 2 : 8**

" Quiconque a des oreilles pour entendre, entende et du discernement pour comprendre, comprenne ! "

THEME 11 : LA PLUS GRANDE DES RICHESSES

L'argent, le pouvoir de décision et la gloire sont là les richesses les plus importantes, les plus convoitées et dont les plus aimées par le genre humain. C'est d'ailleurs à cause de ces dernières que nous vivons les uns contre les autres et les uns sur les autres via l'inhumanité. **2 TIMOTHEE 3 : 1 – 5.** Certes, il existe d'autres formes de richesses telles que la santé, la famille, les talents, les aptitudes, les savoir-faire, l'amitié etc. Mais dans notre contexte, nous allons rester focaliser sur les trois principales citées plus haut.

Cependant, la plus grande des richesses ne figure nullement parmi ces dernières ; car il existe une richesse plus grande, plus profonde et plus efficace que celles-là. Il s'agit en effet du SAINT – ESPRIT qui est la volonté, la manifestation personnifiée de DIEU le CREATEUR d'où ses dénominations ; l'esprit de DIEU, l'esprit de gloire, l'esprit de vérité, le consolateur, le paraclet. C'est la raison pour laquelle la Bible parle du PERE, du FILS et du SAINT- ESPRIT. **JEAN 16 : 13 – 15.**

Dès lors, analysons ces deux formes de richesses afin de trancher qu'elle est la plus grande, la plus importante et la plus efficace :

- **LA RICHESSE MATERIELLE :**

Comme nous l'avions déjà mentionné ci-dessus, il s'agit des richesses les plus convoitées et les plus aimées par les Hommes à savoir :

- L'ARGENT :

Nous savons tous ce que c'est que l'argent car notre société, nos vies et notre bien-être en dépendent indispensablement ; puisque nous avons tous besoin d'argent pour subvenir à nos besoins humanitaires. Mieux encore, nous allons à l'école dans l'optique de travailler plus tard, nous travaillons pour gagner de l'argent et nous gagnons de l'argent afin de vivre heureux. En outre, pour la plupart, le but de la vie c'est de gagner le maximum d'argent parce que selon leur opinion, l'argent favorise et immortalise le bonheur.

Néanmoins, l'argent c'est l'ensemble des biens monétaires, meubles, immeubles, animaliers et minières appartenant à un individu, à un peuple ou à une Nation. Ainsi, à travers cette analyse, nous pouvons donc dire que l'argent est une denrée salutaire pour la vie et par conséquent une vertu. D'ailleurs le sage roi Salomon le confirme en attestant : << On fait des repas pour se divertir, le vin rend la vie joyeuse et l'argent répond à tout. >> **ECCLESIASTE 10 : 19.**

➢ LE POUVOIR DE DECISION :

Il est question ici du pouvoir de commandement, la capacité de manifester sa volonté par des tierces soit instantanément, soit spontanément mais toujours respectueusement. On parle généralement de donner des ordres et ces ordres se font exécutés. A titre d'exemple, un président de la république peut décider de pérenniser et de maximiser le paganisme dans son pays en encourageant les multiples lois et libertés païennes omniprésentes dans sa patrie. D'autre part, ce même chef d'Etat peut également décider de dissoudre et de minimiser le paganisme dans sa Nation en interdisant ces lois et libertés et en les remplaçants par celles Chrétiennes.

A cet effet, le pouvoir de décision est une arme extrêmement délicate car il peut à la foi détruire comme construire, faire du mal comme faire du bien. **DANIEL 3 : 29.**

➢ LA GLOIRE :

Il s'agit ici de la célébrité, la notoriété, le degré de connaissance d'un individu dans sa tribu, dans sa patrie et dans le monde entier. La gloire favorise l'estime, elle facilite la vie via la rente de nombreux services par les autres, elle bénéficie de nombreux privilèges, elle assassine la solitude, booste la confiance en soi, elle créé des relations etc. **2 CHRONIQUES 9 : 1 – 12.**

En revanche, une gloire non maitrisée est un poison parce qu'elle dénature son hôte en le transformant en ce qu'il n'était pas auparavant ; en l'occurrence il devient téméraire, arrogant, fanfaron, orgueilleux et méchant. **2 SAMUEL 12 : 1 – 15.** Ainsi, tout comme le pouvoir de décision, la célébrité est aussi une arme très délicate puisqu'elle peut faire beaucoup de mal comme beaucoup de bien.

Par ailleurs, suite à cette analyse, nous pouvons dire que la richesse matérielle est un bienfait car ses accessoires qui sont l'argent, le pouvoir de décision et la gloire sont des vertus. A présent, voyons ce qu'il en est de la richesse spirituelle.

❖ LA RICHESSE SPIRITUELLE :

Le SAINT- ESPRIT est une entité Divine composée de neuf dons surhumains acquis qui sont différents mais complémentaires. Le redoutable apôtre Paul les énumère dans **1 CORINTHIENS 12 : 4 – 11.**

➢ LE DON DE LA SAGESSE :

C'est la capacité, le pouvoir de comprendre les choses incompréhensibles. De même, la sagesse c'est l'art de résoudre les problèmes complexes. C'est l'art de répondre raisonnablement à toutes sortes de questions. C'est l'art de répondre à chacun comme il se doit avec raison, douceur et respect. C'est l'art de réduire au silence les adversaires. C'est l'art de dissuader les Hommes d'arrêter de vivre vicieusement et de les persuader de commencer à vivre vertueusement. Enfin, la sagesse c'est l'art d'édifier et d'assagir les autres. C'est la raison pour laquelle certains l'identifient à la folie.

➢ LE DON DE L'INTELLIGENCE :

Un peu similaire au don de la sagesse, le don de l'intelligence est la capacité de mémoriser un nombre important d'informations, de les exploiter et de les mettre au service de la société. En outre, c'est le pouvoir d'inventer les choses inexistantes ou d'améliorer celles déjà existantes.

➢ LE DON DE LA FOI :

C'est la capacité de croire en ce que l'on ne voit pas et en celui que l'on ne voit pas. De plus, c'est le pouvoir d'assurance dans tout ce que nous entreprenons et demandons au JUSTE JUGE. Enfin, la foi c'est l'essence qui permet au TOUT-PUISSANT de se manifester favorablement dans nos vies ; car sans elle il est impossible de lui être agréable.

➢ LE DON DE GUERISON :

Comme son nom l'indique, c'est le pouvoir de soigner toutes sortes de maladies physiques, psychiques et mystiques, curables ou incurables. Ce don confère à son possesseur la capacité de guérir les autres à savoir les désireux, les non désireux et même les haineux.

- LE DON DE MIRACLES :

C'est le pouvoir d'opérer les actes invraisemblables, voire impossible. C'est même la manifestation des choses et des événements impossibles. Par exemple, on peut avoir : la création et la multiplication des produits alimentaires, minières. L'éjection des forces occultes résidants dans plusieurs. La résurrection des morts, l'apaisement du déchainement de la nature, la transformation des âmes vicieuses en celles vertueuses etc.

- LE DON DE PROPHETIE :

C'est le pouvoir d'annoncer les choses avenirs. Cette capacité ne consiste pas à aller prendre les prophéties dans le monde invisible tels des aliments dans nos réfrigérateurs ; au contraire ce sont elles qui viennent à nous. C'est un pouvoir qui est à la fois actif et inactif parce que parfois on voit et on sait des choses ; c'est-à-dire des révélations prophétiques sur soi-même ou sur les autres, ou sur le monde. D'autre part, il est inactif parce que parfois on ne voit et on ne sait absolument rien.

Cependant, à travers la prière souvent accompagnée du jeûne, le prophète peut demander au donateur de ce don dont DIEU de lui parler, de lui donner les révélations prophétiques, bref de lui dévoiler les secrets. Ainsi, cette grâce est un don très compliqué puisque à cause de sa complexité et de son puissant pouvoir agissant, de nombreux imposteurs dont agents et disciples du Diable portent le nom de « prophètes. » Alors faites très attention aux prophètes et aux prophéties à votre égard, car si le BON DIEU a parlé à un individu vous concernant, ce même DIEU peut également vous parler directement ; d'où mon exhortation de vaquer à la prière car les temps sont de plus en plus mauvais.

Dès lors, n'omettons pas qu'à côté de la vraie monnaie, il y a aussi de la fausse monnaie, ce qui veut dire qu'il existe de vrais prophètes comme des faux prophètes. L'heure est donc à la vigilance et à la clairvoyance.

- LE DON DU DISCERNEMENT DES ESPRITS :

C'est le pouvoir de lire rationnellement dans l'âme de nos contemporains, d'observer et d'interpréter véridiquement les faits et gestes de nos semblables. En outre, c'est la capacité de connaitre les intentions de nos semblables. De connaitre le passé caché, le présent caché et le futur caché des autres. Le don du discernement des esprits est semblable au don du mentalisme, mais en mieux.

- LE DON DU PARLER EN LANGUE :

Il s'agit ici de la capacité de parler le langage du Saint-Esprit. C'est un langage extrêmement puissant dont les possesseurs s'en servent pour intensifier la portée et la rentabilité de la prière. De plus, certaines prophéties sont exclusivement révélées aux acquéreurs de ce don. De même, le langage du Saint-Esprit est un jargon méconnu par les forces occultes d'où sa grande utilisation lors des prières.

Toutefois, le don du parler en langue met aussi en évidence la capacité soudaine de manier les langues étrangères ; c'est un pouvoir assez impressionnant et surprenant.

- LE DON D'INTERPRETER LE PARLER EN LANGUE :

Comme je l'ai dit, le parler en langue est un pouvoir assez impressionnant et surprenant car il peut y arriver qu'un individu parle en langue, mais ne sait aucunement ce qu'il est en train de dire. Mais ce qu'il est en train de dire est parfaitement compris par un autre individu qui possède le don d'interprétation, de traduction en langue compréhensible. C'est d'ailleurs à cause de leur extrême complexité que les deux précédents dons spirituels sont proscrits par certains groupes Chrétiens ; car sont répertoriés comme diabolique.

Dès lors, suite à l'analyse de cette richesse spirituelle, nous pouvons déduire que les dons qui en découlent sont également des vertus aux pouvoirs ahurissants.

A cet effet, tranchons quelle est la plus grande des richesses. Ainsi, entre un Homme possédant la richesse matérielle et un Homme possédant la richesse spirituelle ; lequel des deux est le plus riche ? En outre, entre celui ayant trois vertus et l'autre ayant neuf vertus, lequel des deux est le plus riche ? Mieux encore, entre un Homme possédant l'argent, le pouvoir de décision et la gloire et un Homme recevant le Saint-Esprit ; lequel des deux est le plus riche ? Ayons l'honnêteté d'accepter que celui possédant la richesse demeure un Homme, or celui bénéficiant du Saint-Esprit devient un dieu puisque ce dernier possède une omniscience et une omnipotence partielle. Partielle parce que c’est DIEU LE CREATEUR seul qui possède l’omniscience, l’omniprésence et l’omnipotence totale et par conséquent le monopole de la capacité de tout faire ; lui qui dit la chose arrive, lui qui ordonne et la chose existe.

De ce fait, prenons un exemple parmi tant d’autres qui prouve que le Saint-Esprit est plus utile et vital que la richesse. << [...] Alors Pierre lui dit « je n’ai ni argent, ni or, mais ce que j’ai je te le donne au nom de JESUS CHRIST de Nazareth, lève-toi et marche. En le prenant par la main droite, il le fit lever. Au même instant, ses pieds et ses chevilles devinrent fermes. D’un saut, il fût debout et se mit à marcher. Il entra avec eux dans le temple, marchant, sautant et louant DIEU. Tout le monde le vit marchant en louant DIEU. >> **ACTES 3 : 1 – 9.** Dites-moi, est-ce que l’argent peut-il réaliser une telle guérison ? Est-ce que le pouvoir de décision peut-il effectué un tel miracle ? Est-ce que la gloire peut-elle produire un tel événement, peut-elle engendrée une telle assurance ? Alors il est raisonnable de dire que là où la richesse échoue, le Saint-Esprit lui réussit toujours. C’est donc avec fermeté de formuler que la plus grande des richesses est le Saint-Esprit.

D’une manière générale, l’indicateur des époques, l’homme le plus puissant, le plus célèbre, le plus oint, le plus sage en l’occurrence le plus riche JESUS CHRIST décrète : << Vous êtes d’en bas, moi je suis d’en haut. Vous êtes de ce monde, moi je ne suis pas de ce monde. >> **JEAN 8 : 23.**

Voici la fin du discours : << Affectionnez-vous aux choses d’en haut et non à celles qui sont sur la terre. >> **COLOSSIENS 3 : 2.**

<< Recommande aux riches du présent siècle de ne pas être orgueilleux et de ne pas mettre leur espérance dans des richesses incertaines, mais de la mettre en DIEU, qui donne avec abondance toutes choses pour que nous en jouissions. Recommande-leur de faire du bien, d’être riches en bonnes œuvres, d’avoir de la libéralité, de la générosité et de s’amasser ainsi pour l’avenir un trésor placé sur un fondement solide afin de saisir la vie véritable. >> **1 TIMOTHEE 6 : 17 – 19.**

<< Vivre dans le paganisme, mener une vie vicieuse, refuser de vivre comme CHRIST le recommande, c’est pactiser avec le Diable. Pactiser avec le Diable, c’est accepter de vivre comme lui dans les voluptés de toutes sortes ; mais c’est aussi accepter de finir comme lui dans la torture, la souffrance, la douleur et le malheur éternel ! > **APOCALYPSE 20 : 10.**

" Quiconque a des oreilles pour entendre, entende et du discernement pour comprendre, comprenne ! "

THEME 12 : LE CHANTAGE DIABOLIQUE

HOrmis d'être le PERE du mensonge, Satan est également le maître du chantage ; car il n'existe pas plus téméraire, plus malhonnête et plus malsain que lui. Contrairement au chantage humain, celui diabolique est totalement plus vicieux, ténébreux et nocif car il s'agit en réalité d'un chantage aposta-paganique. Ainsi, cette intimidation est d'ordre apostasique puisqu'elle a pour but de transformer méchamment l'humanité afin que celle-ci abandonne immédiatement et rejette violement la foi chrétienne. D'autre part, cette intimidation diabolique est d'ordre paganique parce qu'après avoir abandonné et rejeter la chrétienté, l'humanité se réfugie dans l'insoumission l'individualisme, l'agnostisme, l'œcuménisme, le suivisme, l'occultisme et par conséquent dans le paganisme.

A ce propos, il est impérieux de rappeler le crédo du ministère satanique qui est le suivant : « Noyer l'humanité dans le paganisme quel que soit les moyens et la manière ! » De même, il est important de rappeler son slogan : « Tout est permis, tout est utile et tout est légal (*sauf la chrétienté*) » Mieux encore, il est vital de rappeler ce qu'est le paganisme : « C'est le mode de vie basé à l'exemple de Satan le Chérubin déchu ; c'est-à-dire raisonner, observer, parler, agir et vivre comme lui ! »

Cependant, suite à la vie précaire que je mène depuis fort longtemps, au cours d'une retraite spirituelle, le menteur et le destructeur s'est infiltré dans ma méditation et m'a fait chanter en ces termes : << En tant que gérant du monde, voici le choix qui s'offre à toi : Soit tu t'en sors grâce au paganisme comme les autres(*comme la majorité des personnes riches, puissantes et célèbres*) , soit tu succombe à cause du christianisme comme les autres(*comme nos pères les prophètes, les apôtres et le Seigneur JESUS CHRIST)* ! >> Telles sont les options que le limité et le limitable m'a donné et je suis persuadé qu'il fait de même avec tous les Chrétiens du globe. Quelle audace, quelle prétention, quelle malhonnêteté ? Comme si c'était à lui qu'appartiennent l'omniscience, l'omniprésence et l'omnipotence. Je me demande toujours comment la pluralité peut-elle croire, servir, vénérer et aider ce monstre ?

A présent, analysons les enjeux de ce chantage aposta-paganique :

- SOIT TU T'EN SORS GRACE AU PAGANISME COMME LES AUTRES :

Suite aux multiples et diverses injustices sociétaires, à cause des atrocités journellement observées ici-bas, il est normal d'envisager de déserter le christianisme et de rejoindre le paganisme via le suivisme mondain ; puisque la souffrance, la douleur et le malheur sont des armes de prédilection dont le Malin s'en sers pour nous traumatiser, nous décourager et nous recruter. « Pourquoi la majorité vit-elle dans la souffrance et le malheur et la minorité dans l'opulence et le bonheur ? Est-ce là la destinée du CREATEUR pour tout un chacun ? » Telles sont les questions qui nous traversent journellement l'échine. C'est la raison pour laquelle le sage Ben Sira nous exhorte : << N'envie pas le succès du pécheur, tu ne sais pas quelle triste fin l'attend. N'approuve pas la réussite des impies, souviens-toi qu'ils ne resteront pas impunis jusqu'à la mort. >> **SIRACIDE 9 : 11, 12**

Ainsi, choisir cette option c'est faire une erreur monumentale, abandonner la piété pour l'impiété, renier le CHRIST pour s'allier à Mammon (*Le démon de l'argent et des richesses*) est la pire des aberrations. Ce n'est pas un secret mais un rappel, car non seulement vous allez sombrer dans les ténèbres en devenant des esclaves du système et des marionnettes du diable ; pire encore vous allez devenir une occasion de chute pour les autres en les encourageant et persuadant à faire ce piteux choix. **2 TIMOTHEE 2 : 17, 18**

A cet effet, prospérer grâce au paganisme est un très mauvais investissement. Prospérité à quel prix ? Au prix de devenir ennemi du CREATEUR ? Au prix de devenir imitateur de Satan en ayant le même dénouement funeste que lui ? Au prix de rater le Ciel, rater l'enlèvement christique, rater le millénium, rater le paradis, rater la paix et le bonheur éternel ? C'est trop cher payé comme le confirme le MESSIE en s'interrogeant : << Et que sert-il à un Homme de gagner tout le monde s'il perd son âme ? Que donnerait un Homme en échange de son âme ? >> **MARC 8 : 36, 37**

- SOIT TU SUCCOMBE A CAUSE DU CHRISTIANISME COMME LES AUTRES :

Ce n'est pas parce que les choses n'arrivent pas maintenant qu'elles n'arriveront jamais. Ce n'est pas parce que la précarité gangrène nos vies qu'elle les gangrènera toujours ; d'ailleurs tout ce qui a un début à une fin. C'est la raison pour laquelle l'apôtre Jacques nous exhorte : << Prenez mes frères pour modèles de souffrance et de patience les prophètes qui ont parlé au nom du SEIGNEUR.

Voici, nous disons bienheureux ceux qui ont souffert patiemment. Vous avez entendu parler de la patience de Job et vous avez vu la fin que le SEIGNEUR lui accorda, car le SEIGNEUR est plein de miséricorde et de compassion. >> **JACQUES 5 : 10, 11**

A cet effet, soyons aussi les imitateurs des fidèles soldats de L'ETERNEL comme :

Job, qui en proie aux flammes de la souffrance, enfoui dans les sables mouvants de la dépression, scellé dans la fosse aux tourments, agonissant dans la douleur et suffoquant dans le malheur s'exclame : << [...] Tu parles comme une folle. Nous acceptons le bonheur comme un don de DIEU. Et le malheur, pourquoi ne l'accepterions-nous pas aussi (*alors que journellement, abondamment, passionnément et consciemment, nous commettons le mal donc les choses qui provoquent le malheur !)* >> **JOB 2 : 9, 10 (BIBLE TOB)**

De même, remplis de foi, Schadrac, Méschac et Abed-Nego, face à une mort imminente et atroce s'exclament : << [...] Nous n'avons pas besoin de te répondre là-dessus. Voici, notre DIEU que nous servons peut nous délivrer de la fournaise ardente et il nous délivrera de ta main ô roi. Même s'il ne le fait pas, sache bien ô roi que nous ne servirons pas tes dieux et que nous n'adorerons pas la statue d'or que tu as élevée. >> **DANIEL 3 : 14 - 18**

Et enfin, la lumière du monde JESUS CHRIST réduit au silence l'ennemi trois fois d'affilée en ces termes : << [...] JESUS répondit : « Il est écrit l'Homme ne vivra pas de pain seulement, mais de toute parole qui sort de la bouche de DIEU [...] JESUS lui dit : Il est aussi écrit ; tu ne tenteras point le SEIGNEUR ton DIEU [...] JESUS lui dit : Retire-toi Satan car il est écrit : tu adoreras le SEIGNEUR ton DIEU et tu le serviras lui seul » >> **MATTHIEU 4 : 1 – 10**

De ce fait, je vous exhorte à faire partie des rares personnes que le CHRIST reconnait comme des vrais chrétiens. Il affirme : << Celui qui a reçu la semence dans la bonne terre, c'est lui qui entend la parole et la comprend, il porte du fruit et un grain en donne cent, un autre soixante, un autre trente. >> **MATTHIEU 13 : 23.**

Certes la théorie est très différente de la pratique, mais je vous en conjure résistez au diable comme nos pères précédemment cités. A cause des choses éphémères, n'allez pas tout détruire comme l'explique **EZEKIEL 18 : 24 – 32.** Par le nom Tout-Puissant de JESUS CHRIST, je vous garantis que le moment viendra où votre dépression se changera en restauration, votre humiliation en élévation, votre patience en diligence, les promesses Divine en prouesses, les fictions en réalisation et l’entendement Divin en exaucement. Et je vous certifie que ce moment arrive telles des enjambées de guépard.

Ainsi, à cause des biens et des richesses terrestres tarissables, ne ratez pas le ciel, l’enlèvement Christique, le millenium, le paradis, la paix et le bonheur éternel. Toutefois, il est impérieux de savoir que la vie sur Terre est un piège, car elle peut soit facilement nous faire rater le paradis, soit inéluctablement nous précipiter en enfer ! Alors soyons toujours vigilants afin de ne pas rater l’objectif qui est le Ciel.

Voici la fin du discours : << Vous avez pour père le diable, et vous voulez accomplir les désirs de votre père. Il a été meurtrier dès le commencement et il ne se tient pas dans la vérité, parce qu’il n’y a pas de vérité en lui. Lorsqu’il profère le mensonge, il parle de son propre fonds ; car il est menteur et le père du mensonge. >> **JEAN 8 : 44.**

" Quiconque a des oreilles pour entendre, entende et du discernement pour comprendre, comprenne ! "

THEME 13 : LA COLERE DE DIEU

Certes L'ETERNEL est bon, compatissant, miséricordieux et amour ; mais il est aussi un feu dévorant car qui aime bien châtie bien. C'est une grave erreur de prendre la bonté, la compassion, la miséricorde, le silence, la patience et l'amour du TOUT-PUISSANT telle une faiblesse ; puisque cette bévue se retourne toujours contre ceux qui se croient plus futés que lui. C'est ce qu'on appelle le karma. D'où nous vient cet esprit de se croire plus sages que le SAGE ? Nombreux parmi nous pensent qu'ils vont vivre aisément dans le paganisme via les exactions et les abominations de toutes sortes ; et après être rassasiés de plaisirs et affaiblis par la vieillesse, ils comptent ensuite s'intéresser à DIEU. Ce dernier qui fera table rase de tous leurs péchés car il est infiniment bon. Si c'était si simple et facile de gagner le Ciel, alors dans ce cas même le Diable est éligible pour bénéficier une suite au paradis.

Une telle pensée est largement suffisante pour nous classer et nous condamner comme ennemis de L'ABSOLU. Ainsi, s'il n'est pas conseiller de tenter Satan le Diable, à combien plus forte raison il est totalement déconseillé de tenter DIEU le CREATEUR ? S'il nous torture qui va et qui peut stopper cette torture ? S'il nous maudit, qui va et qui peut convertir cette malédiction en bénédiction ? S'il nous fait du mal, qui va et qui peut nous consoler ? Le Diable le pourra me direz-vous ! Dans ce cas, où était-il lorsque nos ancêtres suffoquaient à travers le déluge ? Où était-il quand l'empire pharaonique succombait via les dix plaies d'Egypte ? Où était-il quand les villes de Sodome, Gomorrhe, Adma et Cevoim agonissaient par la pluie de feu et de soufre ?

De même, en guise de réponse, vous allez me dire que vos proches, votre famille, vos amis et vous-même allez et pouvez redressez ce que le PERE a courbé ; car l'union fait la force. Cette réplique est vraiment hilarante et pathétique ! A cet effet, comment pouvez-vous compter sur des êtres qui ne savent pas de quoi demain sera fait ? Qui ne sont pas maitres de leur souffle ? Qui n'ont et n'auront jamais le monopole de la capacité de tout faire, en l'occurrence qui n'ont ni l'omniscience, ni l'omniprésence encore moins l'omnipotence ? Quiconque a des oreilles pour entendre, entende et du discernement pour comprendre, comprenne !

Cependant, nous savons tous que l'on ne se met pas en colère pour rien car il y a des éléments déclencheurs valables ou non. Mais en ce qui concerne le TRES-HAUT, ses raisons à lui sont totalement valables.

De ce fait, pour quelles raisons le SEIGNEUR se met-il en colère ? C'est tout simplement parce que les humains abusent terriblement de sa bonté et par surcroit, se moquent royalement de ses statuts ! Contre qui précisément L'ALPHA ET L'OMEGA se met-il en colère ? Contre ceux qui font le mal ! A titre de rappel, le mal c'est la manifestation de tout ce qui n'est pas bien en pensées, en paroles et en actions. Et par conséquent, le méchant c'est un adorateur et un amoureux du mal. Mieux encore, c'est un individu qui accepte raisonnablement le mal, qui aime puissamment le mal, qui pratique passionnément le mal, qui promeut fièrement le mal et qui pérennise activement le mal. C'est la raison pour laquelle le scribe du CHRIST affirme : << Faites donc mourir les membres qui sont sur la Terre, l'impudicité, l'impureté, les passions, les mauvais désirs et la cupidité qui est une idolâtrie. C'est à cause de ces choses que la colère de DIEU vient sur les fils (*et les filles*) de la rébellion. >> **COLOSSIENS 3 : 5, 6.**

En outre, L'ETERNEL se met en colère contre ses gens parce qu'ils ont outrepassés la limite humaine dans la pratique du mal. C'est dans ce sens que le sage roi Salomon exhorte : << Ne sois pas méchant à l'excès et ne sois pas insensé ; pourquoi mourrais-tu avant ton temps ? >> **ECCLESIASTE 7 : 17.**

Mieux encore, le SUPREME se met en colère contre les antéchrists c'est-à-dire contre ceux qui renversent la foi de plusieurs en les encourageant de vivre fièrement dans le paganisme. Voilà pourquoi l'apôtre Jean affirme : << Petits enfants, c'est la dernière heure et comme vous avez appris qu'un antéchrist vient, il y a maintenant plusieurs antéchrists, par là nous connaissons que c'est la dernière heure. >> **1 JEAN 2 : 18.**

Et enfin, le CREATEUR se met en colère contre ces individus qui parlent négativement des choses qu'ils ne connaissent pas, qui pratiquent l'occultisme en prétendant posséder le pouvoir Divin ; explicitement blasphèment contre le Saint-Esprit. D'où le décret du MESSIE : << C'est pourquoi je vous dis : « Tout péché et tout blasphème sera pardonné aux Hommes, mais le blasphème contre l'Esprit ne sera point pardonné. Quiconque parlera contre le fils de l'homme, il lui sera pardonné, mais quiconque parlera contre le Saint-Esprit ; il ne lui sera pardonné ni dans ce siècle, ni dans le siècle à venir. >> **MATTHIEU 12 : 26 – 32.**

Néanmoins, il est impérieux de concevoir la fâcherie du SEIGNEUR non pas dans sa partialité, mais dans sa totalité car cette dernière provoque d'immenses dégâts irréparables. Cette irritation se manifeste par un tortueux, douloureux et malheureux processus que j'ai appelé « Le lavage des mains Divins » Ce processus est composé de six étapes successives et complémentaires qui sont :

- **L'ENDURCISSEMENT DU CŒUR :**

Il s'agit ici du dévoilement total de toute la noirceur d'un Homme méchant. DIEU maximise tous les vices de ce dernier afin de le pousser à commettre abominations sur abominations ce qui alourdit considérablement son dossier céleste ; et par conséquent lui sera complètement défavorable lors de son jugement. De même, tout ce qui a recours à la sanctification de l'être est entièrement imperméable chez le sujet ; car son humanité est morte et son inhumanité vivante d'où l'insensibilité humaine.

- **L'ENIVREMENT PAR L'ESPRIT D'EGAREMENT :**

Ici, devenu amplement insensible, le méchant n'éprouve plus aucun scrupule, aucun regret, aucune gêne, aucune honte et aucune culpabilité ; mais éprouve uniquement une immense extase car la pratique du mal lui fait énormément du bien. Le PERE fait en sorte que le sujet ne soit plus capable de faire la différence entre le bien et le mal ; puisque pour lui, tout ce qui est vertueux dont recommandé est mal à ses yeux car est perçu comme obstacle à son épanouissement. Et inévitablement, tout ce qui est vicieux dont déconseillé est bien à ses yeux car concours à son épanouissement et par conséquent donne un sens à sa vie. Il est donc évident qu'il n'a guère l'intention de changer de mode de vie, encore moins l'envie de se repentir.

- **LA LIVRAISON A SATAN :**

C'est dans ce sens que L'ETERNEL livre le méchant au Diable parce qu'il est exactement comme lui à savoir insensible, limité et cruel. Ainsi, L'ABSOLU considère la victime non plus comme un fils, mais comme un ennemi, non plus comme une brebis, mais comme un loup ravisseur et non plus comme un humain, mais comme un démon.

- **LA RESERVATION DU MEME SORT QUE SATAN :**

Etant devenu fils, adepte et imitateur de Satan, il est évident que le TOUT-PUISSANT traite le méchant dans ce sens. En l'occurrence, le pardon ne lui sera jamais accordé. Quelle triste sort !

- LA MALEDICTION DE DIEU :

Seulement l'évocation de cette notion me terrifie au plus haut point, car je n'aimerais absolument pas être à la place de l'individu qui a autant exaspéré le PERE afin d'hériter une telle virulence. Quelle abomination calamiteuse d'être maudit par le MAITRE DE L'UNIVERS. Que ce soit dans la vie ou après la mort, le méchant subit et subira des atrocités, des drames intérieurs poignants et pathétiques, des tourments visibles et invisibles.

- L'IMPREGNATION DU SCEAU DE LA MORT ET DU MALHEUR ETERNEL :

Bons comme méchants, nous allons tous mourir un jour c'est exactement ce que le sage Ben Sira appelle « La loi éternelle » Mais la mort de l'ennemi du CHRIST est totalement différente, puisqu'elle est scellée par la souffrance incurable manifestée par les pleurs, les morves, les hurlements, la chaleur, les brûlures, la soif, la suffocation, les grincements de dents, la terreur, les regrets, les remords et l'immortalité dans ces tourments. C'est ce mode de vie infernal que l'on appelle « le malheur éternel » Quelle intrépide malédiction !

De ce fait, de la manière que l'on s'occupe d'un détenu condamné à la peine capitale, en l'occurrence, il est nourri, vêtit, protégé, assisté médicalement et spirituellement, ayant le choix de son dernier repas, et puis livré à l'exécution via l'injection létale. De la même manière, via ce processus, LE CREATEUR prend bien soin des méchants pour les faire cruellement et éternellement du mal au moment venu. D'où l'avertissement suivant : << C'est par le feu que L'ETERNEL exerce ses jugements, c'est par son glaive qu'il châtie toute chair ; et ceux que tuera L'ETERNEL seront en grand nombre. >> **ESAIE 66 : 16.**

D'une manière générale, la colère de DIEU occasionne le lavage de ses mains. Ce lavage des mains Divin se manifeste par l'endurcissement du cœur, par l'esprit d'égarement, par la livraison à Satan, par la réservation Satanique, par la malédiction du CREATEUR et enfin par le malheur éternel. Mes chers contemporains nous devons absolument éviter de pousser le SUPREME à bout car il en va de notre bien-être ; parce que l'inimitié avec DIEU est la plus grande erreur à ne jamais commettre dans sa vie car les conséquences sont infernales. C'est la raison pour laquelle LE TRES-HAUT lui-même déclare :<< Prenez-y garde, vous qui oubliez DIEU, de peur que je ne déchire sans que personne délivre. >> **PSAUMES 50 : 22.**

Malheur à l'Homme qui subit la fureur du PERE, mieux vaut pour lui qu'il ne soit jamais né. Souvenez-vous quel est le but de cet ouvrage. A titre de rappel, il a pour but de transformer les âmes vicieuses en âmes vertueuses par le biais de la sincère repentance ; en d'autres termes exhorter les Hommes afin de les dissuader d'arrêter de vivre païennement et de les persuader de commencer à vivre chrétiennement.

Ainsi, mettons-nous en règle avec L'ETERNEL par crainte qu'il lave ses mains sur nous. D'ailleurs, à cet effet, L'ELU nous prévient : << Les Hommes de Ninive se lèveront au jour du jugement avec cette génération et la condamneront, parce qu'ils se repentirent à la prédication de Jonas et voici il y a ici plus que Jonas. La reine du Midi se lèvera, au jour du jugement, avec cette génération et la condamnera, parce qu'elle vint des extrémités de la terre pour entendre la sagesse de Salomon et voici il y a ici plus que Salomon. >> **MATTHIEU 12 : 41, 42.**

Alors soyons plus malins que le Malin, plus persévérant que l'Opposant et plus imitateurs de CHRIST qu'imitateurs de Satan. Concentrons-nous dès maintenant sur le bon déroulement de nos jugements derniers et non sur nos vies charnelles, éphémères et monotones. Voilà pourquoi le sage roi Salomon nous exhorte : << Jeune Homme, réjouis-toi dans ta jeunesse, livre ton cœur à la joie pendant les jours de ta jeunesse, marche dans les voies de ton cœur et selon les regards de tes yeux ; mais sache que pour tout cela DIEU t'appellera en jugement [...] Mais souviens-toi de ton CREATEUR pendant les jours de ta jeunesse, avant que les jours mauvais arrivent et que les années s'approchent où tu diras : « je n'y prends point de plaisir » >> **ECCLESIASTE 11 : 9, 10 ; 12 : 1 – 14.**

Voici la fin du discours : << Aimez L'ETERNEL vous qui avez de la piété ! L'ETERNEL garde les fidèles et il punit sévèrement les orgueilleux. >> **PSAUMES 31 : 23.**

<< Ne vous y trompez pas, on ne se moque pas de DIEU. Ce qu'un Homme aura semé, il le moissonnera aussi. Celui qui sème pour sa chair moissonnera de la chair la corruption ; mais celui qui sème pour l'esprit moissonnera de l'esprit la vie éternelle. >> **GALATES 6 : 7, 8.**

<< C'est pourquoi, recevant un royaume inébranlable, montrons notre reconnaissance en rendant à DIEU un culte qui lui soit agréable, avec piété et avec crainte, car notre DIEU est aussi un feu dévorant. >> **HEBREUX 12 : 28, 29.**

" Quiconque a des oreilles pour entendre, entende et du discernement pour comprendre, comprenne ! "

Printed by Books on Demand GmbH, Norderstedt / Germany